弱みが強みに変わる！
3秒
ポジティブ
変換
ブック
まゆ姉
大和出版

はじめに

3秒で、自分が変わる、未来が変わる！

「どうして私はいつもネガティブに考えてしまうんだろう……」と自分を責めていませんか？

もう、その必要はありません。

だってネガティブ思考は、危機管理能力が高いという才能なのですから！

読者のみなさま、本書を手に取っていただき、ありがとうございます。

改めまして、まゆ姉と申します。私は、YouTube、Instagram などＳＮＳにて、「女性応援インフルエンサー」として、「自信を持って生きられる女性を増やす」というミッションを掲げながら、マインドや健康について発信しています。

ありがたいことに、現在、ＳＮＳにて累計約１００万名もの方にフォローしていただき、会社経営、イベント登壇、オンラインフィットネスコミュニティの運営などを行っています。

しかしながら、実は私は根っからのネガティブ思考の人間。

かつては、

「ポジティブ思考なんて、私には縁がない」

そう思っていました。


20代前半の頃、私はネガティブすぎる性格が原因で大切な友人と疎遠になりました。

「まゆのこと大好きだよ。でも正直、一緒にいるとネガティブが伝染しそうなの」

いつも後ろ向きな言動ばかりしていたので、疎遠になってもしかたなかったと思います。

友人の言葉に悲しくて涙が止まらなかった反面、妙に納得してしまう自分もいました。

でも、どうしたらよいのかわからなかったのです。

幼い頃からネガティブ思考だった私。ポジティブなあの人が羨ましい。私は、あんなふうに生きられない。だって私は不幸だから。そんなふうに考えていました。

人生に絶望していた私ですが、あるとき、身近にいるポジティブ思考の人を見ていて、

「どうしてそんなふうに考えられるんだろう」とひたすら観察しはじめました。

最初は「私とは人種が違う」としか思えませんでした。

しかしながら、だんだん「物事を悪く捉えている自分、なんだかソンしてるな……」と悔しくなってきたんです。

そうして気がつきました。**「私が不幸なのではない。物事のプラス、マイナスを決めるのは世間の基準や常識ではなく、〝自分の捉え方〟なんだ！」**と。

私に一筋の光が差しました。

これまでは自分の苦手分野や悪いところばかり目についていたけど、いいところだってあるかもしれない。

いつも失敗ばかりだったのも、成長の過程だったのかもしれない。


「捉え方のクセを少しずつ変えてみよう！」

それからは見様見真似で、ポジティブな人の考え方を真似したり、本を読んだりして、新しい考えをたくさん取り入れました。

たとえば、いやなことがあったとき、これまでは自分の不幸を嘆いて友達に愚痴を言うばかりでしたが、「勉強になったよね！」と少し背伸びをしてでも捉え直しました。最初からできたわけではありません。少しずつ考え方を変換し続けたんです。

あれから4年。私は今、好きなことを仕事にし、たくさんの友人に囲まれ、前だけを見て突き進める自分に生まれ変わりました。

私が特別だったからポジティブマインドを手に入れられたのでしょうか？

いいえ。私はただ「ネガティブで弱い」という自分の本質と付き合いながら、自信を持ってポジティブに生きられるよう努力してきただけの「後天的ポジティブ」です。

……そう。自分を変えたくて、今この本を読んでいる、あなたと同じなのです。

生粋の超ネガティブゆえに、必死で前向きに明るく生きる方法を模索してきた――そうして編み出したポジティブ変換を、本書ではお伝えしたいと思っています。

たとえば、次のように。

・心の余裕がない→完璧主義の頑張り屋さん
・人と比べて落ち込む→人のよいところを見つける天才！
・思ったことが言えない→言葉を選ぶ品性がある

私も、家にいるときは「間違えた……でも学べたからよかった！　経験値アップ！」などと声に出しています。家の外ではさすがに声には出せませんが、ネガティブな出来事をネガティブな事実のままで終わらせないよう心がけています。

こんなふうに、一見「弱み」に思えるようなことでも「強み」に変えていくことができれば、いいことがたくさんあります。

たとえば、

・人間関係で傷ついても前を向いて歩いていける
・仕事で失敗しても学びに変えられる
・周りの人を元気にできる
・明るい印象になってパートナーから愛される

そして、今よりもっと自分を好きになっていけます！

難しく考える必要はありません。まずは本文をパラパラとめくってみてください。ひとつの項目をざっと読む、そのたった3秒で気軽に思考チェンジできます。そうして読み終える頃には、あなた自身で、いつだってどんなことも変換する力が身についているはずです。

「私なんて……」という考えを捨て、自分を信じてトライしてみてください。

弱さがある私たちは、ちょっとしたことで傷つくし、不安になるし、泣きたくもなる。でも、それでいい。弱いままで、強くなればいいのです。

さぁ、あなたもポジティブ変換の扉を開いてみましょう。

まゆ姉

3秒ポジティブ変換ブック

Contents

第1章

【外見に自信がない】コンプレックスを踏み台にしよう！

第2章

【すぐに落ち込む】くすぶっている「今ここ」がスタート地点

第3章

【自分のことが嫌い】欠点こそ、チャームポイントになる

第4章

【人付き合いが苦手】私が私らしくいられることが最優先！

第  章

【恋愛がうまくいかない】幸せになれない恋は願い下げ！

第6章

【私らしく生きたい】人生はいつだってこれから！

本文レイアウト　今住真由美
本文DTP　白石知美・安田浩也（システムタンク）

まゆ姉ってどんな人？

まゆ姉年表

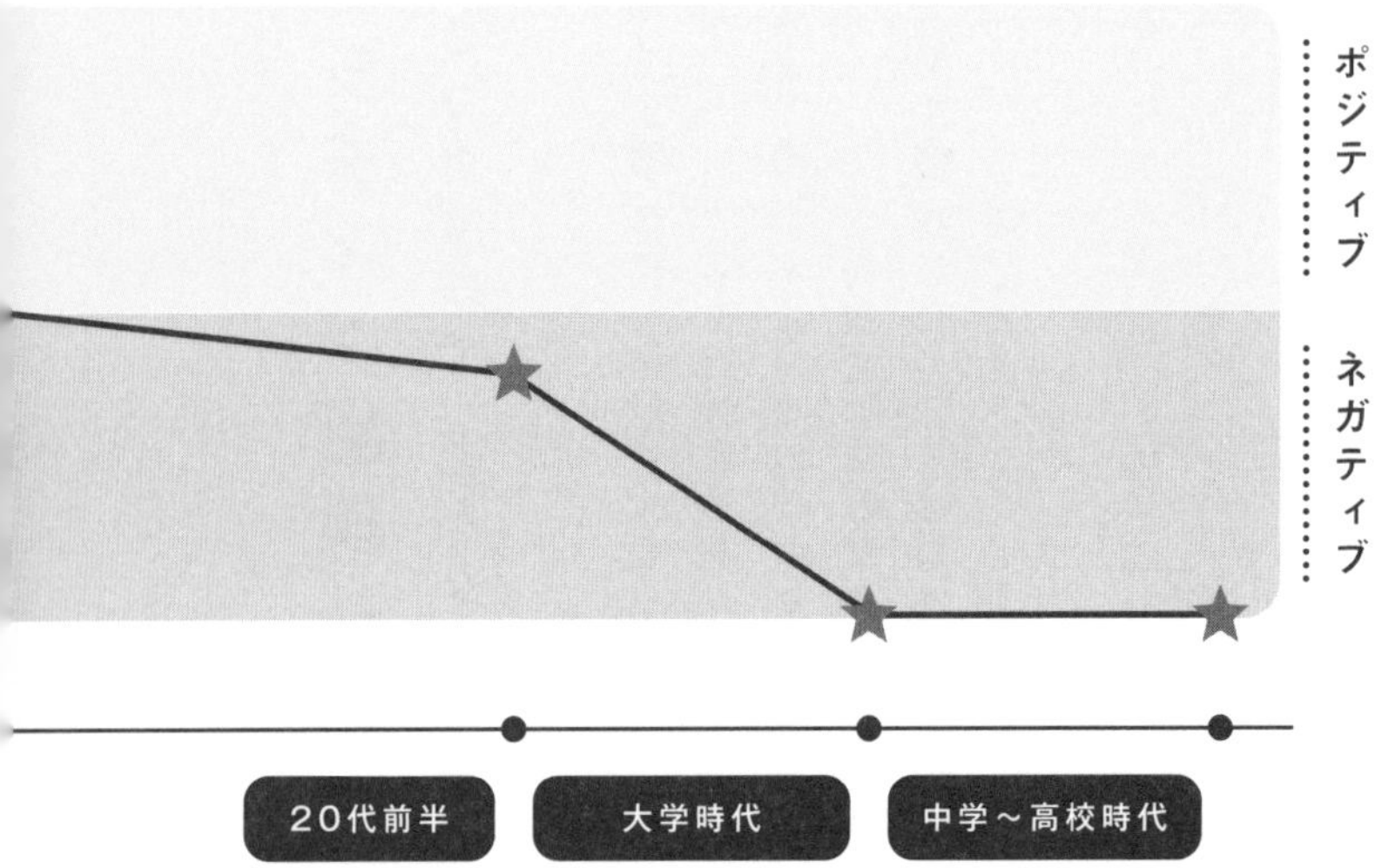

ポジティブ
ネガティブ

中学～高校時代

【暗黒期】

・容姿コンプレックスに悩む／ダイエットしまくって、心身のバランスを崩す／オタクで友達もいなくて引きこもり

大学時代

【苦学生兼キャバ嬢期】

・容姿コンプをさらにこじらせる／いろんなバイトをするも、ミスが多くていつも注意され、何をやっても失敗ばかり。最終的に六本木のキャバクラで働きはじめる／モラハラ男と付き合う↓別れ、今のパートナーと付き合う

20代前半

【起業失敗期】

・キャバ嬢卒業／キャバクラで貯めた全財産を使ってネイルサロンを開業するが、失敗。やがて閉業に。

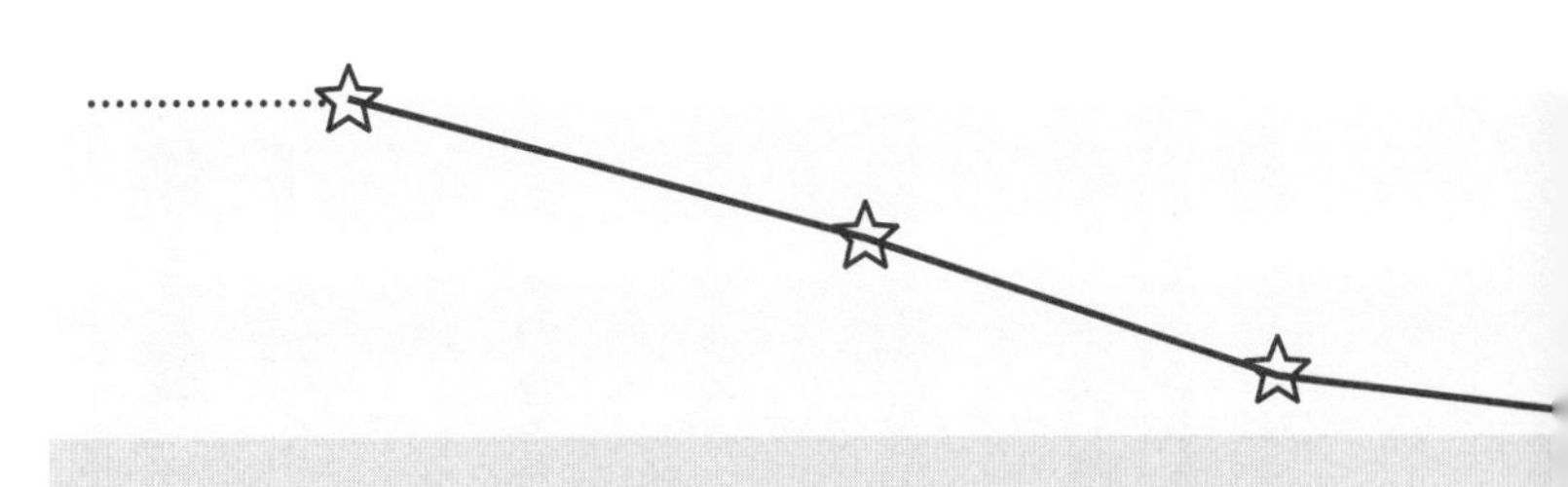

現在

20代半ば

【田舎修行↓ネットデビュー期】

・貯金ゼロに。今までの暮らしとは180度違う、築70年の山奥のオンボロの家に引っ越すことに／絶対にYouTubeで成功したいと決意し、毎日投稿。さらに、自分の内面と向き合い、本を読み、人間の心理や健康について勉強に励む。

20代後半

【まゆ姉誕生期】

・過去の自分のようにネガティブな女性、悩みを持っている女性、コンプレックスがある女性を救いたいと思い、「まゆ姉」として活動を始める。約1年で総フォロワー100万人を突破する。

【会社設立期】

・多方面から女性の課題の解決に取り組む中で、個人ではできることの限界があると感じて会社を設立／運動を習慣化させ、人生を輝かせるオンラインコミュニティ「ボディメイク部ippo.」設立。

弱い自分がいやになる

弱さは才能。だって、強くあろうと努力できるから。

物心ついたときから、私は自分に自信がありませんでした。

だからこそ、毎日足掻(あが)いて生きてきました。

はじめから強かったら、強くいられるための工夫も勉強もしなかったと思います。

こうしてポジティブに変換する方法なんて考えもしなかったし、たくさん本を読むことも、人の気持ちを深く考えることもなかったでしょう。

弱い人の気持ちなんて、わからなかったと思います。

マインドの発信もしていなかったでしょう。

「弱いからこそ強くあろうともがき、努力した経験」は、私の財産です。

「私は私の力で自分自身をよくしようと、頑張っているんだ」

そう思うこと自体が、そして努力の過程までもが、私に少しずつ自信を与えてくれました。

あなたも、自分の弱さに嘆くことがあるかもしれません。
ポジティブな性格だったら悩むことなんてないのに……なんて思うかもしれません。
だけど、弱いからこそ、努力できます。
あなただからできることが、たくさんあります。
弱さは最強の才能です。

ときにはマイナスに考えてしまうけど……、
それでもやっぱり自信を持って、笑って生きたい！
弱い自分も受け入れながら、強くなっていける自分になりたい！
この本は、そんな方にオススメです。
さぁ、今日から一緒に前向きな自分になるレッスン、
していきましょう♡

message 1

誰がなんと言おうと
私が最強♡

第章

【外見に自信がない】コンプレックスを踏み台にしよう！

外見のことで傷ついてきた

だからこそ人をむやみに評価しない自分になれる！

私は中学の頃、他人から言われたある言葉で拒食症になりました。

それは、「太ったでしょ?」というたった一言の嘲笑でした。

「たったそれだけで!?」と驚かれる方もいると思います。

ですが、思春期で体形の変化を感じていた頃の、多感で繊細な当時の私の精神を崩すには充分なきっかけでした。

髪は抜け落ち、月経は止まり、常に震えていて、学校で倒れる……拒食症になり、そんな思いをしたからこそ、私は他人の体形や容姿を絶対に評価することなんてしないと決めました。

もしこのとき傷ついていなければ、今の私はいないでしょう。

今の私が最もなりたくない、人の容姿を貶(けな)す側になっていたかもしれません。

それならば、私はつらい思いをしてきて本当によかったと思うのです。

それに、面と向かって、見た目に対する悪意を向けられた場合、あなたに問題があるのではなく、100%相手の内面に問題があると私は思います。

想像してみてください。

もしもあなたが、「人を傷つけることをなんとも思わないような人」に好意を寄せられたら……、考えただけで逃げ出したくなりますよね。

どうでしょう？　「そんな人の好みでなくて本当によかった！」と胸を撫で下ろして安堵したでしょう？　そもそも相手のセンスがないのです！

「他人の容姿を勝手に採点する人のほうがおかしい」ということを忘れないでください。

そんな人のくだらない言葉より、どうか私の言葉を胸に留めてください。

あなたはかわいい。

どんなあなたもかわいい。

あなたのことが大好きです。

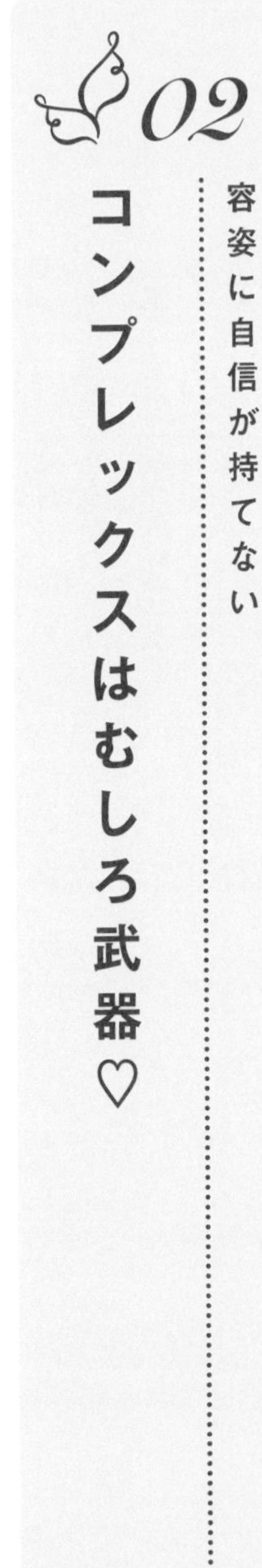

02
容姿に自信が持てない
コンプレックスはむしろ武器♡

高校生の頃は中学生の頃の反動で、過食症になりました。

急激に太った私は、体形のことで周囲からの目が気になるようになりました。

身長も高かったので、「デカ」などと言われることも多く、「私はでかいから、周りの邪魔にならないように」と猫背の癖が身についたのはその頃です。

しかしながら、その狭い世界を抜け出してみれば、「でかいから邪魔」なんてことはなく、**「私が悪いわけじゃなかったんだ」**と思えるようになりました。

ただ揶揄（やゆ）する人が周りにいるかいないかだけ。

当時は「隠そう、隠そう」と思っていた身長も、思いきって胸を張ってヒールを履いて背筋を伸ばしてみると、不思議と気にならなくなりました。

反対に身長が低いことで悩んでいる方もいるかもしれませんが、私のように身長が低い人に憧れている人もたくさんいるということを知ってほしいのです。

いつも年齢より上に見られる面長も、顔つきが与える印象として「しっかりしているように見える」「上品に見える」「信頼される」など、たくさんの長所があります。

反対に丸顔には、朗らかな印象を与えたり、若々しく見えたりするよさがあります。

こんなふうに、自分がコンプレックスと捉えていることが、実は武器だということがあります。

私は髪の毛が硬くて太いけど、「剛毛っていうことは、歳を重ねても髪の毛の量で悩まなさそうよね」とよく言っています（笑）。

容姿の特徴は全部、あなたの素晴らしい個性です。

笑顔がコンプレックス

自分のために笑えば大優勝！

私はSNSでいつも、フォロワーさんに「口角を上げよう！」と呼びかけています。

すると、こんなDMやコメントが数え切れないほど届くようになりました。

「自分の笑顔が嫌いなんです」

「笑顔が気持ち悪いって言われてしまいました」

このコメント、他人事だとは思えませんでした。

なぜなら私も、かつては自分の笑顔が大嫌いだったからです。


私の笑顔は特徴的で、笑うと目が線のようになるのですが、過去に付き合っていた男性にそれを何度も指摘された経験があります。

「笑うとブスだよね」

「昔話に出てくるおじいちゃんみたいだな」

その頃は言い返せるほど強くなかったので「私の笑顔、変なんだ……」と思っていました。

仕事としてSNSを始めてからも、「顔を出すことに抵抗があるのに、笑顔なんて絶対晒せない……!」、そう思っていました。

実際、最初の頃に投稿した動画では終始ピクリとも笑わない仏頂面で通しています。

しかしながら、田舎生活（114ページ）を始めて、半分ヤケクソで大爆笑している自分の姿なんかも赤裸々にネット上で見せるようにしたところ、「笑顔に元気づけられる」という声をいただくようになり、考えが変わりました。

「私は自分の笑顔に自信ないけど、人を幸せにできるなら笑っていよう!」

そう思ったんです。

そうして人前でも笑顔を見せているうちに、いい人間関係が築けるようになり、何よりも自分自身がハッピーになれる時間が増えました。

今ではさらに考えが変わり、「自分のために笑っていればいいもん!」と捉えています。

これはあえて強く言いたいのですが、

「全員笑顔が一番かわいい！」

私はそう思います。

「笑うと残念だよね～」と無神経に言う人はいるかもしれないけれど（そもそも、そんなふうに言う人のほうがおかしいですが）、実際に接しているとみんな、笑顔が一番素敵です。

あなたが自分の笑顔をどう思っていようと、「笑顔は自分も周りも幸せにする」ということだけは覚えておいてください。

そう、笑顔は最強なんです。

さぁ、自分のために笑ってください。

最高にかわいいので♡

04

とはいえ私、ブスなんです
ポテンシャルの塊。

私には、自分のことをブスだブスだと卑下していた過去があります。したくてしていたのではありません。

周りの人からブスだと言われて傷ついてきた経験から、他人に言われる前に自分で言うことで心を守ろうとしていたのです。

自虐という予防線を張っていたのですね。

しかしそれが癖になっていくと、次第に、

「ブスだからできない」

「ブスだから諦める」

「ブスが努力してもムダ」

というように、何かを諦める言い訳にしている自分がいました。

それに気がついてから、私は「ブスを言い訳にしない。ブスって言うの禁止！」、そう自分と約束しました。

正直に言うと、この約束を破ってしまったこともあります。
それでも「自虐しない！」と意識すること自体が大切。

本当は「ブス」なんていません。
「ブスだから」という呪いにとらわれることで、心がブスになってしまうのです。
そして、「ブスだから努力しても意味がない」なんてことも絶対にありません。
自分の可能性を自分で殺さないでください。
コンプレックスがあるからこそ、人一倍努力できます。
見た目も、中身も、です。
コンプレックスもポテンシャル。
伸びしろです！
野心に変えて、自分の可能性を広げましょう！

05

頑張ってもキレイになれない

結果より、「努力そのもの」に自信は宿る。

頑張って自分磨きをしても、思うように結果が出ないと落ち込むこともありますよね。

たとえばSNSで「このメイク、かわいい！」「この髪型、かわいい！」と思って真似してみても、思うようにできなかったり……。

トレーニングを頑張っても、なかなか理想の体形になれなかったり……。

私にも、そうして悲観的になっていた時期がありました。

一方で、私は諦めませんでした。

だってやっぱり「自分史上一番かわいい」を目指したかったから……。

自分を好きになりたかったから……！

そうして諦めずに頑張ってきたら、その「頑張ってきた」という事実そのものが自信になりました。

「私は自分にできることをやってきたんだから！」という、その過程が自信に変わったんです。

正直、まだまだコンプレックスはあります。

自分の中で好きじゃないところもあります。

だけど次第に「私は頑張っている、それ自体が美しい！」と、思えるようになりました。

「努力そのもの」に自信は宿り、努力している姿が人を惹きつけます！

だからそのままの自分を信じて進みましょう。

理想の自分になりきれなくたって、自信は持てる。

自信、持っていいんです！

それに、似合わないヘアメイクやファッション、ダイエット法などに気づいたら、実はかわいくなる大チャンスです。

「ブラウンが似合わないってことは黒かな？」

「フレアが似合わないってことはタイトかな？」

「筋トレは合わなかったから、ピラティスをやってみようかな？」

こんなふうに楽しんでみましょう。

「どうせ私には無理」と諦めてしまうよりも、諦めなくてすむ方法を探しましょう。

合わないものを知ると、合うものが見えてきます。

知ることができてよかった！

かわいくなれちゃう大チャンスですね！

06

容姿を批判された

「私好み」を目指しているだけですけど?

少しでも容姿のことを指摘されると傷ついていた私が、今では毎日、容姿を批判するようなコメントを目にしてもへこたれなくなりました。

今と昔、何が違うのでしょうか?

以前の私は、他人の美の評価基準を真に受けていたように思います。

「もう少しやせたら?」と言われたら「やせなきゃ」、「顔が大きい」と言われたら「整形しなきゃ」。

「前髪が長いほうがいい」と言われたら伸ばし、「こんな服装のほうがいい」と言われたらそうして……。

いつしか「なりたい私」というものがわからなくなっていきました。

しかしながら、SNSを通して不特定多数の人からの評価対象になってみると、毎日毎日「前髪が長いほうが似合う」「短いほうが好き」「今のメイクが似合う」「今のメイクは変」と、さまざまな感想が届くわけです。

そうして思いました。

「あ、好みの問題にすぎないのねっ！」

と(笑)。

そんなに単純なことに気がつくまでに時間がかかりました。

こうした経験をしてきたからこそ声を大にして言えます。

驚くほど他人の好みは人それぞれ‼

個人の感想に合わせていてもキリがないわよ‼　と。

他人好みに合わせてもしかたがないのなら、もう自分好みに合わせたっていいじゃないですか？

そう、自分のテンションが上がるかどうかのほうがよっぽど大事なんですよ。

私は他人から、たとえ「ナチュラルなほうが素敵」と言ってもらえることがあっても、エレガントな自分が好きだと思ったら、そうします。

カジュアルな自分が好きな日はそうします。

このように**「今の私が心地よくいられるかどうか」**を最優先に意識していると、誰かに容姿を悪く言われても傷つかなくなったんですね。

他人の一言で摂食障害にまでなったことのある私が、です。

人の好みもさまざまだし、自分自身の好みだって日々変わる。

だったら毎日、その日の私好みを目指すだけです。

他人に何か言われても、「私はこれがテンション上がるの♡」と、かわいくあしらってあげましょう。

自分の好きなものを貫いている人というのは魅力的なものです。

そのパワーに圧倒されて、そのうち何も言ってこなくなりますよ♡

やせたいのに体重が落ちない
やせるより幸せを目指せばOK～♪

15歳～25歳くらいまででしょうか、約10年にわたって、「体重を落とすことで、やせてキレイになれる」と勘違いしていました。

そもそも、どうして私たちはキレイになりたいのでしょうか？ 幸せになりたいから？

では、体重を落とせばキレイになって幸せになれるのでしょうか？

体重が落ちても、そのぶん老けてしまったら？

疲れやすくなってしまったら？

ストレスがたまっていつもイライラしていたら？

それは本当に幸せなのでしょうか。

思春期以降で私が一番、体重が軽かったのは、中学生の頃、拒食症になった時期です。

当時、身長は１６０センチ、体重は30キロ代でした。

その頃の私はというと、髪の毛がどんどん抜け落ちて、目に見えてわかるほど薄毛になっていました。

クラスメイトが半袖で過ごしている中、ニットのカーディガンを羽織っても震えが止まらず、不思議な目で見られ、頭がはたらいていないので成績はガタ落ち。

休日は無気力でベッドから起きられなくて、好きだったアイドルにも興味がわかなくなり、考えていることといえば体重のことだけ。

いつもイライラして、家族に八つ当たりばかりしていました。

どうでしょう。

幸せに見えますか？

これは少し極端な例でしたが、摂食障害を克服したあとも、「体重の呪い」は長らくついてまわりました。

私だけではなく、多くの女性が、この「呪い」に縛られているように感じます。

また、20代前半の頃は、「極端に食事制限をして、その後ドカ食いする」というループにハマっていたのですが、その結果どうなったかというと、急激に老けました。

実は、運動もせずに過度な食事制限をするようなダイエットをしてはやめて、体重の増減を繰り返すと、老化が進むと言われています。

というのも、運動をせず食事制限だけでやせようとすると、脂肪だけではなく、筋肉も削りながら体重を減らすことになり、結果、老化につながるそうです。

ですから、「ただ体重を減らすこと」を目的にするのは危険です。

目的は、「キレイになって、幸せになること」のはず。

「これは幸せになれる行動なのか？」という問いを自分自身に投げかけましょう。

ゴールは幸せ。

幸せならそれでいいのです。

08

暴飲暴食しちゃう

よ～し、栄養摂れたぞ！

まず、暴飲暴食してしまうのは、単純にふだんの食事から摂取するエネルギーが足りないからです。あなたの意志が弱いからではありません。

栄養が足りないと身体が飢餓状態になり、「食べものがほしいよー！」という指令が出るので、食欲が爆発してしまうのは当たり前です。

足りない栄養を補っただけですから、自分を責めずに「たくさん栄養摂れた♡」と思っておけばＯＫです。

では、どうすればそもそも暴飲暴食しないですむかというと、ふだんの食事から栄養を摂ることです。

「でも、食べたら太ってしまうんじゃない？」と思いますか？

断言します。

バランスよく食べないほうが太ります。

まずは「食べたら太る」という呪いを解きましょう。

私も長年「食べたら太る」という勘違いからダイエットに苦しんできました。

しかし、身体の構造を理解して、それが盛大な勘違いだと気づきました。

過度な食事制限で一時的に体重が減ったとしても、代謝が落ちているために、どんどん自分で太りやすい身体をつくってしまうのです。

特に流行りの糖質制限は最悪です。

私が大失敗だったと思うダイエットのひとつが、この糖質制限です。

糖質を摂らないと、筋肉を分解してエネルギーを捻出することになります。

つまり、自分の体内にある筋肉のストックを減らしていっているのです。

それを続けたらどうなると思いますか?

ダルダルにたるみ、姿勢を保つ筋力もないから姿勢が悪くなって、疲れて動けなくなるという、悲しい結末が待っています。

もちろん、糖質不足以外に原因がある方もいますが、お米を食べないから糖が枯渇して、菓子パンやお菓子に手が出るという方が多いのです。

何度でも言います。あなたが悪いのではなく、食事の質に問題があるのです。

私も甘いものが好きで、ときどき食べることがありますが、今となっては少しで満足できてしまいます。

それは私の意志が強いからではなく、食事できちんと糖質（主に米・玄米）を摂取しているからです。

糖質制限をしていたときは、一度甘いものを食べると堰を切ったように止まらなくなって、自己嫌悪に陥っていましたが、それも食事を改善して収まりました。

1日に必要な摂取エネルギーは個人差があるので言い切れるものではありませんが、「成人女性で1800キロカロリーくらいは摂りましょう」と言われています。

それ以下の摂取カロリーなのに太るという人は、単純に活動量が少ないか、高脂質なものを摂りすぎているなど、食事の量より「質」が問題なのかもしれません。

「食べたら太る」というマインドブロックを外しましょう！

もう、自分を責めないでください。

運動を継続できない

実はストイックな頑張り屋さん♡

私は運動を習慣化したい人のためのオンラインコミュニティ「ボディメイク部ippo.」を運営しています。

コミュニティを構築するにあたり、200名以上の「運動を継続できない」というお悩みを持つ方にアンケートを実施しました。

その結果、運動を継続できない原因として多かったのは「短期間で結果を出そうとして頑張りすぎてしまうこと」でした。

本当は少しでも運動を継続できれば素晴らしいのに、「ちゃんとやるかやらないか」という思考になっていて、これまで運動していなかった人が「毎日1時間走る!」といった高い目標を掲げて無理をするケースが非常に多いのです。

それでは挫折してしまうのは当然です。

実は、運動を継続できない人って真面目な頑張り屋さんに多いのです。

私も以前は「きつい運動をしないとダメだ！　追い込まなきゃ、結果なんて出やしない！」と思い込んでいました。

毎日限界まで筋トレをしたり、泣きそうになりながら走ったり……。

しかし、こうした運動は、ストレスになって続けられませんよね。

それならば、ストレスにならない運動を習慣化したほうが得策です。

もう、必要以上に苦しまなくて大丈夫です。

私自身、今はストレスをためすぎるような運動はやめてしまいました。

・自分の運営するコミュニティで週1～2回でピラティスを習慣化。

・スマホの歩数計を利用して、できるだけ1日5000歩～7000歩を歩く。

・外に出たくない日は、好きな動画を見ながら軽くステッパーを踏む。

この方法で、これまでの人生で一番体形が安定し、「少しでもサボったら太る恐怖」から解放されました。

その結果、心の余裕が生まれ、運動することに対してポジティブなイメージが定着して、今もストレスなく継続できています。

あなたも、自分に合った方法を探し、身体も心も幸せになる選択をしましょう。

運動は大事。

でもやみくもに動いて身を削るものではありません。

楽しめる範囲でやればいいんです。

一緒に楽しみましょう!

三日坊主で続かない

合わないやり方を発見できた！

三日坊主になるのは、必ずしも自分に問題があるというわけではありません。

自分の根気を疑うよりも、その頑張り方が合っているのかを疑いましょう。


たとえば、ダイエット。

私は過去にダイエットの失敗を繰り返してきました。

過度な食事制限をする、炭水化物を抜く、お腹が空くまで食べない、極端に食べる日と食べない日を交互に繰り返す、お菓子だけ食べて食事はとらない、毎日激しすぎる筋トレをする、毎日30分以上欠かさず走る、苦手なスポーツジムに通う……etc.、どれも試しては1ヵ月も続かなかったと思います。

これらが続かなかったのは私の意志が弱いからでしょうか？

違います。

シンプルにやり方が間違っていただけです。

自分に合う方法を探そうともせず、ネットで見かけた信ぴょう性が定かではないやり方を鵜呑みにして情報に踊らされ、そのたびに、できない自分に自己嫌悪……。

そんな生活、続けられる人は存在しません。

毎日走ることがストレスなく続いて大成功する人も、ジム通いで筋トレして理想の体形になれる人もいるでしょう。

だけど、それが誰にでも合うとは限りません。

「ストレスがかかりすぎていないか」「心身の調子はいいか」といった体感を軽視しないでください。

自分にとって負荷のかかりすぎる筋トレをして、数値上では体脂肪率が下がっていても、それにストレスを感じていたら？

ストレスにもレベルがあります。

ストレスのレベルが上がると、自律神経が乱れて体調を崩し、結局続かなくて自己嫌悪に……といった結果になりかねません。

私はこれまで、たくさんの「しんどくて続かないダイエット」で失敗してきたからこそ、「一生続けられるストレスフリーな方法で、体形を整える」ということを重要視しています。

ダイエットがストレスになるという方は、まずそれが自分に合っているのかどうかを考えてみましょう。

運動する場所ひとつとっても、家、ジム、外などと、さまざま。

また、筋トレ、ピラティス、ランニングなどと、運動する方法も、いろいろあります。

「ボディメイク部ippo.」では週1回、オンラインのピラティスレッスンで運動の習慣化を応援していますが、実際のコミュニティ生からは、

「自己流の宅トレは続いたことがなかったけど、ここでは続けられた」

「これまではジムに行くことがずっとストレスになっていたけど、家でできるから続けら

れる」

という声が多数寄せられています。

勉強、仕事、なんでもそうです。

ダイエットに限らず、「三日坊主」は意志の強さだけの問題とは限りませんよ。

自分を責める前に、

・方法は合っているのか？

・いる場所は合っているのか？

を疑ってみましょう。

最後に、三日坊主を脱却するワンポイントアドバイス。

・あらかじめ、スケジュール帳にやることを入れて時間を確保！

・「毎日のやることチェックリスト」を作って、できたら消す！

これで三日坊主、卒業です！

11

年齢を重ねるのが怖い

年齢は私が獲得した経験値。

昔付き合っていたモラハラ男に「女は30を過ぎたら価値がない」と言われたことがありました。

今思うと笑ってしまうほど幼稚な言葉ですが、弱冠20歳の私にとっては年齢を重ねることが悪いことのように思えてしまいました。

けれど、今、30代を目前にして、これから歳を重ねるのが楽しみになっている自分がいます。

だって私は、10代の頃より20歳の頃より、今の私が大好きになっているから。

つらい経験や苦悩を乗り越えて、楽しいことも成功体験も積み重ねてきた私を、私は昔よりずっと信じられるのです。

そしてそれは年々強くなるでしょう。

私には「こんなふうになりたいな」と憧れている人が何名かいるのですが、みなさん私より一回りくらい年上です。

「あの人たちの経験値に早く追いつきたい！」

と、いつもモチベーションにしています。

年齢を重ねたあなたは、こんなふうに羨ましがられるような存在で、若い世代がなかなか追いつけない経験値を持っているのです。

「これから歳を重ねてどれだけ経験値アップできるのだろう？」

「楽しみでしかたない！」

私はそんなふうに思っています。

私たちは毎日たくさんの経験をして、頭を使い、身を削り、確実に進んでいるのだから。

年齢は経験値。

年々、「レベルアップしたんだ」と誇らしく思っていたいです。

12

なんだか最近老けた気がする

リカバリーしがいがある！

先にも述べたように、私は過去に無理なダイエットを繰り返した結果、20代半ばで、どっと老けてしまった時期がありました。

SNSで顔を出して活動をしている最中だったので、「老けている」「おばさん」などと数えきれないほど言われました。

でも私は悲観的になることはなく、「なるほど、老けた原因を探そう」と思い、「気づけてラッキー！　絶対リカバリーしてやる！」と闘志に変え、早いうちからアンチエイジングを始めたのです。

今、これを読んで、「でも私は若くないから手遅れ……」と思いましたか？

実際に「最近老けたかも」という50代の知人に運動や美容の情報をシェアしたところ、「若返って毎日楽しい！」とイキイキしていますよ。

何歳からでも身も心も若返ることはできます！
今日という日が自分の人生で1番若いのです。
必ず今からリカバリーできます。

次に、私がやってきたエイジングケアリストを紹介します。
気になる方は、ひとつだけでもトライしてみてくださいね。

・老けにくい食べ方をする（和食中心にシフト。血糖値の激しいアップダウンを防ぐためにきちんと3食食べる）
・ビタミンC、ビタミンE、抗酸化作用の多い食べもので老化の原因になる活性酸素対策をする（サーモン、アボカド、緑黄色野菜、アーモンド、ブロッコリー、キウイ、パプリカ、ブルーベリーなどを積極的に食べる）
・週1回のピラティスで運動を習慣化させる（姿勢維持に欠かせないインナーマッスルを鍛え、姿勢から若見えを目指す）
・美容医療に頼る（定期的なボトックスでシワ予防、高周波たるみ治療などを施す）

こんなふうに、エイジングケアも楽しみましょう！

Column 1

「容姿コンプ」の呪いにかけられて

私は幼い頃から容姿への執着が強い人間でした。

小学生の頃に肌の色をバカにされたことがきっかけで、真夏に長袖・長ズボンを着込んでいたために、倒れてしまったことがあります。「いつもキレイでいなくてはいけない」「完璧じゃなきゃダメ」という強迫観念がありました。

中学の頃には「太った？」というたった一言で拒食症になり、その反動で、高校に入って激太りしました。それをきっかけに、自分の容姿を醜いと考えるようになって、友達と遊ぶことも避けるようになったんです。努めて明るく振る舞ってはいましたが、誰にも言えないコンプレックスを抱えている状態でした。

他人の言葉を繊細に受け止めすぎてしまう私が悪かったのでしょうか？　……いいえ、**私は一生懸命生きているだけでした**。（大学入学を機に上京して環境が変わることで活動的になれたのですが、容姿コンプの呪いはそう簡単には解けません……）。

第2章

くすぶっている「今ここ」がスタート地点

【すぐに落ち込む】

ちょっとしたことで落ち込む

さあ、おいしいご飯をたくさん食べるお時間です。

「気分が落ちたら、自分の心に問題がある」

「悲観的に考えてしまう私がいけないんだ」

私も以前はそんなふうに捉えていましたが、気分が落ち込んだら、今では第一に身体の調子を疑います。


「最近運動はしている？」

「食生活は乱れていない？」

「眠れている？」


と自分に問いかけるんです。

そして、運動や栄養、睡眠などの生活習慣の改善を試みます。

実際に忙しい時期に、食生活を疎かにして運動しないで過ごしていたところ、心身の不調があらわれたという経験が何度もあります。

不調のサインはさまざま。朝起きるのがつらい、やる気が出ない、楽しくない、いつもより肩がこる、呼吸が浅い、昼食後に眠い、コーヒーを飲まないと動けない……などなど。そういうときに、どれだけ気合いを入れようとしても、気力なんて出せないんですよね。

やっぱり人間、食べなきゃダメ！

頭ばっかり使って身体を動かしてないのもアカン！

とにもかくにも食べてから！

と思います。

今では、

「頭を使ったらそのぶん運動をしてリフレッシュ」

「落ち込みがちになったら、ご飯をもりもり食べる時間だ！」

と決めています。

しょっちゅう落ち込む、疲れやすい、いつもやる気が出ないという方は、もしかしたらエネルギー不足かもしれませんよ。

「いや、食べてますよ〜」という方、菓子パンとかお菓子を食べて栄養を摂った気になっていませんか？

バランスよく食べていますか？

どれだけたくさんの量を食べても、栄養のないものばかりでは、当然、栄養不足になります。

「気分が落ちる＝心がダメになっている」と決めつけず、ご飯をしっかり食べよう、運動しよう、と冷静に対処してみてください。

じゃあ、それすらもできないときは？

その場合は寝る！

ひたすら寝る！

「必要なのは休息」とわかりますよね。

ほかにも、デスクワークで一日中机に向かっていて、猫背になっていたり、スマホに夢中になりがちな人は要注意！

これはピラティスの先生から学んだことですが、猫背になると、横隔膜が圧迫されて、自律神経が乱れるそうです。

その結果、思考までもが、どんどんネガティブになるのだとか……。

姿勢が問題ということもあるんですね。

気分が落ちることとは必ずしも心因性の不調とは限らないわけです。

これからは、自分を責める前に、原因と対処法を探ってください。

健康の追及は、自分を愛す行為。

心も身体も美しく、健康的に！

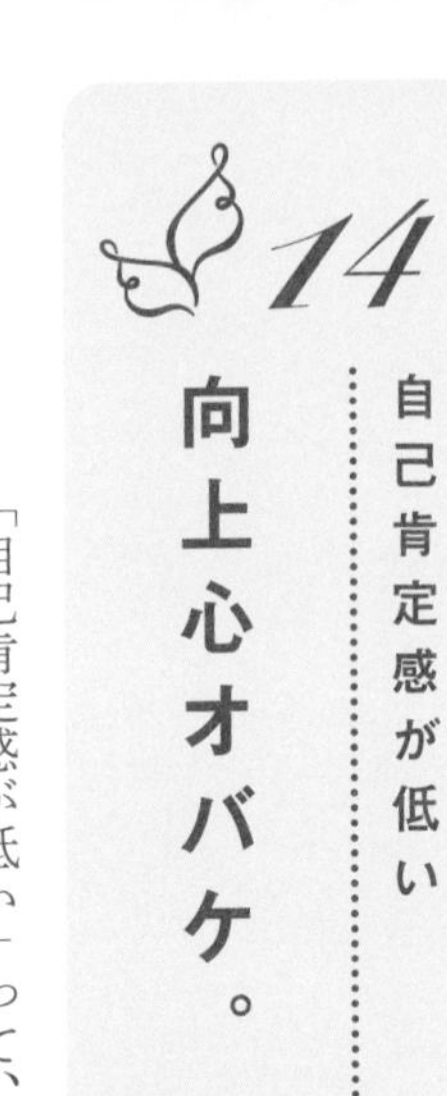

14

自己肯定感が低い

向上心オバケ。

「自己肯定感が低い」って、言い換えれば現状に満足していないということですね。

「もっと上に行きたいのに行けない」

「もっとうまくやりたいのにできない。そんな自分が許せない」

これって、向上心オバケじゃないですか⁉

だって「今のままでいいや」と思っている人だったら、そんなに自分を責めませんよ。

ありのままで好きなように生きられます。

自己肯定感が低いあなたは、実は「まだまだこんなもんじゃないはず！」と心のどこかで自分を信じているのではないですか？

理想が高く、「本当は、私はもっとやれるんだ」と思っているとしたら……。

それって素晴らしい才能だと思います！

ただ、

・自分の現状を認められない

・できないことを認めて底辺から努力するのはプライドが許さない

という状態だと、あなたのように「自分を客観視する能力が高い方」はいつまで経っても自分を許せないと思います。

あなたは賢いので、きっと自分のズルさに気づいてしまうはずですから。

かくいう私も20代前半まではこのタイプでした。

プライドだけ高く、かと言って努力して現実をつきつけられることが怖くて、結局、のらりくらりと逃げる。

そんな自分に気づいていたから、自己肯定感が低かったんですよね。

誤魔化しても自分の内に秘められている向上心は消えません。

解決策はひとつ。

不要なプライドは手放して、できることから始めるだけです。

自己肯定感の低さはポテンシャル。
自分に可能性を感じているってこと！

もう答えは出ましたね？
理想と現実のギャップを埋める努力を今日から積み重ねましょう。
最初からうまくいかないのは当たり前です。
誰かに笑われても、関係ありません。
自分自身が好きだと思える行動をするだけです。
今すぐ小さな一歩を踏み出しましょう！

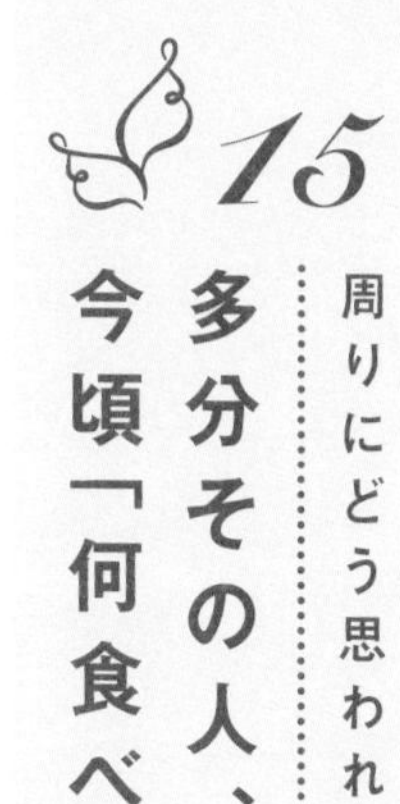

周りにどう思われているか気になる

多分その人、今頃「何食べようかな」とか考えてる。

あなたがふだん、一番考えを巡らせているのは誰に関することですか？

もちろん恋人や友達のことだって考えているとは思いますが、多くの人は、まず自分自身のことではないかと思います。

自分の今日の肌の調子、自分が今日食べるもの、自分の肩こりの具合、自分のお財布に入っている金額、自分の発言の振り返り……。

自分自身のことについて考えない時間って、実はほとんどない気がします。


こう考えてみると、あなたがあなたのことで頭がいっぱいなように、自分以外の誰かもその人自身のことで頭がいっぱいだと思いませんか？

ですから、きっと他人というのは、あなたが思うほどあなたのことを見ていないし、あなたのことを考えていないんです。

あなたと会話した直後には、思考が切り替わって「今日の夜ご飯は何にしよう」なんて考えているはず。

あなたが「さっきの私の発言、どう思われたかな？」と気にしている間に、相手はもう今日の食事の予定のことを考えています。

だからもう、必要以上に「1人反省会」をする必要はありません。

「人はそんなに他人のことを見ていないし、考えていない」

なーんだ、怖がる必要なかったんですね！

「みんな、自分の人生を生きているから、気にしすぎなくて大丈夫〜！」

こんなふうに捉えるようにしましょう。

16

情緒が不安定で落ち着かない

私って、おもしれ〜女！

急に機嫌が悪くなる、ちょっとしたことでイライラする……。

自分でも「どれが本当の私なの？」と思ってしまう情緒の波。

私は数年前まで、「朝、起きたときの自分のメンタル次第でその日が決まる」といった感じで、自分の感情に振り回されてばかりいました。

最近は規則正しい生活を心がけるようになって、見違えるほどマシになりましたが、それでもときどき、「情緒の波」はやってきて、「さっきまでご機嫌だったのに、もう気分が悪い。私ったらどうしちゃったの？」と自分に話しかけることもしばしば。

こうした「情緒の波」に悩んでいる方も多いのではないでしょうか？

だけど考えてみたら当然です。

だって私たちは、抗うことのできないホルモンバランスという十字架を背負って戦っているのですから。

十字架を下ろせるなら、とっくに下ろしています。

それでも私たちは一生懸命背負って頑張っています。

あぁ、なんてえらいの！！！

女子の複雑なメンタルは、自分自身でも予測不能で当然です！

まぁ、自分の心をできるだけ安定させる努力もボチボチするけれど……もういっそ、「私」という名のジェットコースターを楽しんでみませんか？

上がっても下がっても全部本当の私。

どっちがいいとか悪いとかは、ないと思うんですね。

むしろ「たくさんの感情がある」って、エネルギーに満ちたパワフルな人。

平坦な道を一定速度で進むだけでは、きっと私たちは退屈してしまいます。

トリッキーなアトラクションだからこそ面白いってもんです。

さあ、今日からは、いろんな「私」を楽しんでみませんか？

「こんな自分もまぁ、いいよね」ってな感じで、許してＧＯ！

17 人と会うのがしんどい

気遣い力の鬼。

「人と会うと疲れる」という方は、常に「過緊張」状態なのかもしれません。

たとえば、小さい頃から周囲の大人の顔色をうかがったり、小さい頃から何度もいやな経験をしてきた人は、過剰に周囲の空気を読むセンサーがはたらく力があるといわれています。

そういう方が大人になると、さらに「大人としてちゃんとしなきゃ」という思いも加わり、常に全身に力が入っている状態に……。

人前では特にその力が強くはたらくので、1人になったときに突然どっと疲れが出て、動けなくなるなんてことも。

「なぜ自分だけこんなに疲れやすいんだろう?」

「もっと頑張りたいのに頑張れない」

と落ち込みますよね。

だけどちょっと待って。

その疲れ、あなたが自分でも気がつかないうちに限界まで頑張った証なんですよ？

実は私も、もともと、すごく疲れやすいタイプ。

今でこそかなりよくはなりましたが、以前はあまり親しくない人と会ったあとや、慣れないことをしたあとは、寝込んだり体調を崩したりすることが日常茶飯事でした。

スケジュールに支障をきたすこともあったので、困り果てて、気を許せる唯一の親友に、

「どうして私だけ、こんなに疲れやすいんだろう」

「人と会って疲れるなんて失礼なんじゃないか」

と相談しました。

そのときの親友の言葉が、今でも忘れられません。

「あなたはいい意味でとっても気遣いをする人だから、相手にとって一緒に過ごす時間がいいものになるようにベストを尽くそうとしているんだよ。きっと気づかないうちに自分が思っている以上に頑張っているんだね。疲れるに決まってる。まったく失礼なんかじゃ

ない！」

「そうか、私は頑張っていたんだ」

そう思えるようになり、救われました。

だからあなたにも、この考えをお伝えしたいのです。

あなたは常に目の前のことに全力で、頭をフル回転させて、センサーを張り巡らせている。

「相手に失礼はないか」「相手が楽しんでいるか」と気配りができる。

「今ここにいる人に最大限の時間を提供しよう」と考えている。

もはや気遣い力の鬼です。

あなたの魅力のひとつなのです。

「しっかりしなきゃ」と追い込んでしまう

6割くらいの力で、ほかの人の全力くらい出てる。

「もっとしっかりしないと！」

「私はダメだ！　できていない！」

そんなふうに思っているあなたは、とてつもないほどの頑張り屋さんです。

そんな頑張り屋さんのあなたには、肩の力を抜くくらいがちょうどいいと思うのです。

実は私も、「すべてのことに120％で向き合わないと気がすまない」というタイプでした。

しかし、なんでもかんでも120％注ぎ込むと、周りが見えなくなったり、突然燃え尽き症候群になったりと、かえってよくない方向に進んでしまうことがありました。

そこで今では、いい意味で「60％くらいの力で臨む」ことを意識しています。

もちろん今でも大事なことに全力集中する姿勢は変わりませんが、意図的にほどほどにしていることが多いです。

たとえば動画の編集。

本当はもっと編集で面白くできるけど、あえて細かいところは見ないようにして、毎日投稿することを優先しています。

だからこそ長く続いているのだと思います。

体形維持に関しても同じですね。

頑張りすぎて1ヵ月と経たずに燃え尽きては、せっかくの努力がムダになってしまいます。


人生は長距離走です。

長く走るためにはペース配分をして計画的に走ることも大切です。

プロのマラソン選手だって水分補給は欠かせませんよね。

いつも全力投球のあなたなら、「6割の力」を意識するくらいでも大丈夫ですよ！

19

苦手なことを克服できない

苦手だから工夫できる。

私は「苦手なことなんてやらなくていい！」と思っています。

苦手よりも得意に特化できたほうが幸福度も成果もマシマシだからです。

実は、人間という生き物は「不完全なもの」に惹かれる特性があるので、バランスが悪い人間は他人から見たら魅力的なんです。

「苦手なことは苦手」でいいのです。

しかしながら、どうしても、苦手なことを避けて通れないケースもありますよね。

意外に思われることもあるのですが、私は人前で話すことが苦手です。

もともと目立ちたい性格ではないので、注目されると逃げ出したくなってしまうのです。

それでも、講演や取材のお仕事をいただけば、お受けすることがあります。

そうしてお仕事が終わったときには大体、クライアントの方から「人前で話すのが得意なんですね」と言われます。

とんでもありません。私は人前で話すと考えるだけで、トイレに身を隠してしまおうかと考えるほどに苦手です（笑）。

では、なぜ「得意」と思われるほどうまくやれているのか？

それは、苦手意識があるからこそ、事前準備を欠かさないからです。

私は「台本魔」で、イベントや打ち合わせなどの大事な場面では、必ず自分の話したいことを事前に文字起こしししておきます。

話す前に書いて整理しておくのです。

クライアントにはあらかじめ質問内容も聞いておき、「人前で話すことが苦手なので準備しておきたいんです」とそのまま伝えて、事前にテキストで共有してもらっています。

これは会議や打ち合わせの前にも欠かしません。

「打ち合わせ時に意見を聞いていただいても、思うように答えられないことが多いので、事前に御社からの質問内容や、この打ち合わせで明白にしたいことをテキストで共有をお願いします」と伝えて、事前準備ができるようにしておきます。

その結果、「話がわかりやすかった」「話の流れがスムーズだった」と言っていただける結果になっています。

これは私が話すことが苦手だからこそできた努力の成果です。


ほかにも、記憶することが苦手だから「メモ魔」ですし、時間管理が苦手だから「アラーム魔」でもあります。

もちろんメモをしても忘れてしまうこともありますが、「それでも苦手なりにできることをやっているんだからいいじゃん♪」と思えるのです。


苦手なことがあるということは、それだけ努力できる素質があるということです。

苦手意識のない人には思いつかないような工夫ができるんです。

避けられない苦手なことも、思いがけない伸びしろになるかもしれませんね。

20

失態を思い出しては自己嫌悪

「あのときの未熟だった私もかわいいな～♡」と思える

「あんなこと言わなきゃよかった。失敗した」

「相手になんて思われただろうか」

などと、過去の失敗・失言・失態を思い返して何度も何度も反省してしまう……。

そんなことはありませんか？

私は20代前半までは、過去の失態で自己嫌悪に陥ることに悩まされてきました。

「あのとき、あんなふうに言わなければ……ああ、きっと嫌われた……」

これを「反芻思考」というのですが、実はこの思考、とっても危険です。

なぜなら、この思考が続くと、罪の意識が生まれ、「こんな私が幸せになっていいのか」とまで考えるようになったり、必要以上に人付き合いを避けるようになってしまうからです。

しかしながら「思い出さないようにしよう」と心に決めても、浮かんできてしまうのがいやな記憶というもの。

そこで私は「思い出し方を変換してみる」ことにしました。やり方は簡単。

失態を思い出しそうになったら、「母なる気持ち」で「あの頃の幼い自分、かわいいな～、若いな～」という目線で過去の自分を振り返るんです。

だって、過去の出来事を「失態だった」と捉えられるということは、そのときより成長しているということだと思うんですよね。

ですから、「あのときはまだ幼かったな」と、まるで子供を見る眼差しで記憶の中の未熟な自分を見てあげればいいのです。

そうすると、どんな失態も「まだまだ未熟だったな。かわいいな」と思えてきます。

成長した自分視点に切り替えて、未熟だった自分を愛おしく思ってあげましょう。

そして成長した自分に気づいて、喜びましょう。

いや～、成長したな～！

21

孤独を感じる

孤独は自由。1人だからこそできることを思う存分楽しめる！

「孤独」って、言い換えれば「自由」ではないでしょうか？

思い返せば、私が一番自由だったのは、高校生の頃、周りになじめず、孤立し、友達も恋人もいなかったオタク時代です。

周りが放課後にデートを楽しんだり、友達同士で遊びに出かけていても、オタ活だけが生きがいでした。

1人で夜行バスに乗って遠征したり、推しのライブ会場近くの観光スポットに足を運んだり、誰に止められることもないので夜じゅう推しの映像を見ていたり……。

あの頃が一番手放しで何も考えずに趣味を楽しんでいました。

結局、孤独じゃなくなったときには、みんな「1人のときにもっと自由に遊んでいればよかった」などと思うわけです。

「結婚したら自由に出かけられなくなった」

「仲良しの集まりに合わせるのが大変」

といった具合に。

そのときそのときの状況に合わせて、必ず別の悩みはやってくるのです。

ならば今は、孤独だからこそできそうなことを謳歌しておきましょう。

いつか孤独じゃなくなったときに自由にできなくなってしまいそうなことを今のうちに楽しんでおくのです。

推し活だけじゃありませんよ。新しい習い事や遊びを始めるチャンスです。

今なら誰にも合わせなくていい、究極の自由の身です！

そうしているうちに、その趣味で友達ができることも、新しい出会いもあるかもしれません。

孤独も楽しんでしまいましょう！

Column

2

合わない環境で自己肯定感を高めるのは至難のワザ

大学生になり、レジ打ち、飲食店のホール、雑誌のアシスタント……さまざまなバイトに挑戦しました。

けれど、教わったはずのことができない、ミスが多くいつも叱られるなどと、失敗ばかり。

「私は普通じゃないのかもしれない」「とんでもなくできない奴なのかもしれない」、そう思いました。それでも働かないわけにはいきません。

私には多額の奨学金返済と、容姿コンプレックス解消のための整形費用を稼ぐという目標があったので、意を決してキャバクラに足を踏み入れました

そこは当然、容姿を評価される世界。

自業自得かもしれませんが、もっと容姿コンプレックスを強めることになって、はじめの頃は、毎日のように泣いていました。

メンタル状況は、そのときに置かれている環境に左右されます。

私は自分で自分を苦しめる選択をしていました。

それでも当時は、「私にはこれしかできないんだ」と思い込んでいましたし、その状況から抜け出す努力から逃げたかったんです。

また別のアルバイトをして、傷つくこと、現実を突きつけられることも怖かったんです。現実逃避をしていたかった。

でもそんな心の内を自分は知っているから、自己否定は止まりませんでした。

もちろん夜の仕事で学んだことも多く、今では後悔もありません。

最終的には、心理学やコミュニケーションの勉強をして、真剣にお仕事をし、ナンバーワンになるという結果も出せました。

しかし、この場所で自己肯定感が育つということはなかったのも本当です。

やっぱり、合わない環境の中で自己肯定感を高めることは難しいと思います。

この本を読むあなたも、自分と向き合うことから逃げず、自分の心地よい環境を見つけてください。別人のように人生が好転する可能性があります。

第3章

【自分のことが嫌い】

欠点こそ、チャームポイントになる

22

繊細すぎる自分がいや

繊細さんは、人より「気づく」能力者。もはやエスパー！

私は子供の頃からとても繊細でした。

他人の何気ない言葉に立ち直れないほど傷ついてしまう、大人の機嫌の変化で体調を崩してしまう、些細なことでも異常なほど涙が止まらなくなる、心配事があると腹痛で生活に支障をきたす。

などなど、子供ながらに「自分はちょっとおかしいのでは？」と思うほどでした。

大人になったらそういった傾向が自然になくなっていくというわけでもなく、20歳を超えても、他人の些細な言動が気になるし、人の機嫌の変化や、ちょっとピリッとした空気なんかも感じ取り、すべてを受け取りすぎてしまう……。

そんな特性を持ち、生きづらさを感じていました。

でもこの繊細さの正体が、ＨＳＰ（Highly Sensitive Person の略）という気質だと判明してからはラクになりました。

「なんだ、気にしすぎるんだな、私は。じゃあ、意識してズボラになるくらいにしよう」

と考えるようになったんです。

傷つきそうなものは見ないようにし、美しいジャズミュージックに没頭したり、頻繁に自然に触れるようにする。

こんなふうに、心が平穏に保たれる工夫ができるようにもなりました。

そして、繊細なのも私のよさだと捉え、

「人より気がつくからこそ、できることってたくさんあるよね」

と、物事のよい面を見るようになりました。

あなたがもし繊細なタイプだとしたら、それは人より気がつく能力者だということ。

私は大声で叫びたい！「繊細って、才能だ！」と！

反対に、小さなことが気にならない「鈍感力」を持っている人だって、それが才能です。

あなたも、自分の特性を自分で否定しないでくださいね。

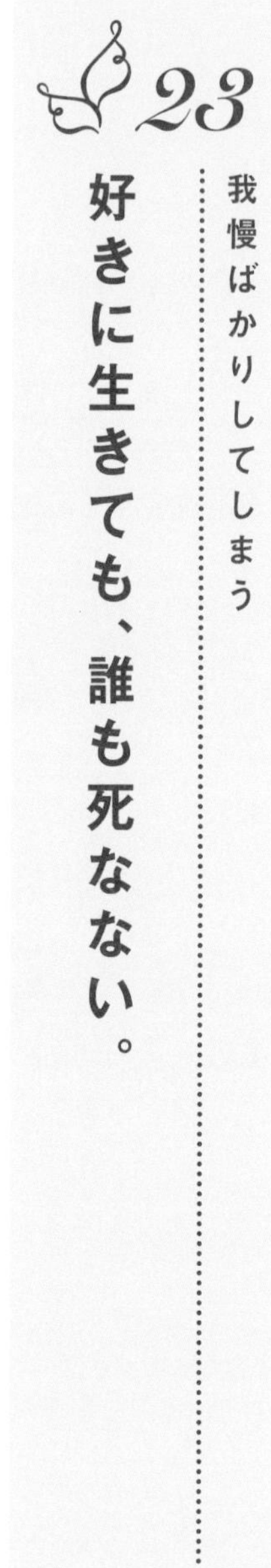

23

我慢ばかりしてしまう

好きに生きても、誰も死なない。

「他人にいやなことを言われても黙って我慢……」

それはなんのためですか？

嫌われないため、仲間はずれにされないためでしょうか？

大丈夫です。

そんな人に嫌われても命に別状はありません。

もしそれが同じ学校の人なら、卒業すれば一生会いません。

もし職場の人なら、会社には仕事をしにきてるんだから、本来は馴れ合う必要なんてないですよね。

仕事さえこなしていれば任務完了です。

もし仕事以外の馴れ合いまで強要するとしたら、その会社がどうかしています。

合わせなくたっていいんですよ。

それに、どうしても合わない会社や環境なら捨てちゃえばいいのです。

いくらでもあなたを求めている場所はありますから。


では、彼や家族に対して我慢してしまう人は？

もちろんお互いへの思いやりは大事だけれど、それはお互いさまであることが前提です。

どちらか片方だけが我慢する必要なんかありません。

私たちはいい大人同士ですから、いやなことはいやって言っていいし、やりたくないことはやらなくていいという権利があります。

家事が好きならやればいいけれど、好きじゃないなら家事代行を利用したり、食洗機や乾燥機を使っていいんです。

彼のご飯を作らなきゃいけないという決まりもありません。

いい大人なんだから、その気になれば自分で用意くらいできるでしょう。

掃除も気になってきたらすればいい。

お風呂も入りたいときに入ればいい。
思いきってそうしてみたらいいと思います。
誰も死にはしないので。
好きなことに炎を燃やす！
それ以外はテキトーでＯＫ。
あなたが好きに生きても、誰も死にません。

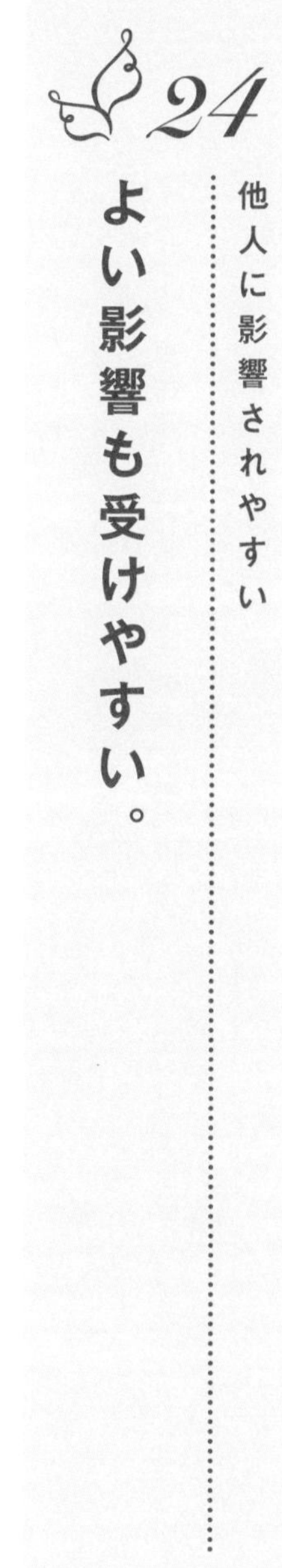

24 他人に影響されやすい

よい影響も受けやすい。

「他人の影響を受けやすい」というと、「悪い影響を受ける」というイメージがありますが、実際は「ポジティブとネガティブの両方の影響を受けやすい」ということです。

「敏感な人は、いい環境のもとでは、感受性が低い人よりも精神的に良好な状態を示す」など、よい影響も受けやすいということもわかっています。

つまり感受性が強いということは、環境次第で躍進できるということです。

私自身、敏感ゆえに周囲の人や環境の影響を受けやすく、悪い方向に流されたことが多々あります。

容姿をいじられがちだった高校時代は、いやと言えずにいじられキャラを演じていました。

モラハラ男と付き合っていたときは、なんでもモラハラ男の言いなりになっていたこともあります。

キャバクラではまんまと浴びるようにお酒を飲む生活になってしまい、YouTubeを始めたばかりのときはひとつひとつのコメントに影響され、うまくいっている先輩の言葉を鵜呑みにしすぎて真似して失敗して、なかなか自分というものを確立できませんでした。

だけどそんな敏感な私だからこそ、いい影響も人一倍受けやすかったのでしょう。

本を読むようになって、別人のように素直に考えを変えていけました。

コーチングを受けて、新しい学びをすぐに実践するようになりました。

ピラティスを始めて、日常生活も健康的に変わっていきました。

敏感な人や繊細な人は、周囲の人や環境で、いかようにも変わっていける素質があります。

気をつけなければいけないのは周囲の環境。

「人、住環境、読む本、聞く音楽、食べるものすべてに、良くも悪くも影響される」ということを覚えておきましょう。

いかに自分の周りが大事なのかを頭に入れておき、違和感のある人や物は、自分のそばに置かないようにしましょう。

小さな選択でも、こだわりを持って選んでみましょう。

そうすることで、あなた本来のよさは開花するはずです。

今、違和感のある環境や人、物に関わってませんか？

少しずつ整理してみてください。

そして、自分によい影響を与えてくれそうな環境に身を置いてみてください。

大丈夫です。

流されてばかりで自分がなかった私も自分を確立できたのですから。

25

自分だけできていない気がする

見せないだけでみーんな、ダメダメ。

私がYouTuberとして最初に投稿をスタートしたのは、美容チャンネルでした（数ヵ月でやめてしまいましたが……）。

その頃、私は「美容の発信をしているからには、悪いところは絶対に見せたくない！」という想いがありました。

視聴者さんの夢を壊さないために、キレイなところだけ……というのは言い訳で、実際は人から突っ込まれたり、バカにされるのが怖かったのです。

だけどいつまでも誤魔化せるほど甘くなく、「ボロ」が出るんですよね

だって本当の私は、毎朝起きるのも面倒で、身支度はいつもギリギリ。

お風呂が嫌いで、余裕で1日2日サボる。

クローゼットは何度キレイにしてもぐちゃぐちゃ。

洗濯は毎回、「何日ぶりだっけ？」状態。

そんなときにInstagramを覗けば、キレイにヘアセットしてアフタヌーンティを嗜んでいる美女……。

「なーんか自分だけ終わってない？」と危うく絶望しそうになりますが、ちょっと冷静に考えてみてください。

あなたがダメな部分をわざわざ他人に見せないのだとしたら、本当は他人も見せないだけで、みーんな「ダメダメ」と思いませんか？

だって私もＳＮＳでは化粧をした姿しか載せないけれど、お風呂上がりは頭にターバンを巻いてメガネで顔をテカテカにしていますから（笑）。

そんな姿をわざわざ全世界に公開する勇気はないので、必然的に「いつもキレイで、すごい人」に見えるだけだと思うんですよ。

いいえ、わかりやすく「ダメダメ」と言いましたが、本当は「ダメ」なことなんてありません。

人間には「サボる権利」もありますから、別にいいじゃないですか。
私たちには、「なんでもちゃんとしなきゃいけない義務」なんてありません。
堕落上等！
人間らしくて魅力的ではありませんか！
自分が大切にしたいポイントだけちゃんとすればハナマルです。
兎にも角にも、「私だけヤバい？」という心配は無用です。
人間はみんな「ヤバい」んです（笑）。

心の余裕がない

完璧主義の頑張り屋さん。

最近心に余裕がないと感じているとしたら、それはあなたの心が狭いわけではなく、時間の余裕がないだけかもしれません。

もしあなたが、

「余裕がない状態＝頑張っている」

「余裕がある＝頑張っていない」

と思っているならば、きっと完璧主義の頑張り屋さん。

そんな方ほど、実はスケジュールに「余白」を意図的につくるだけで心は解放されます。

私自身、「休む」ということが大の苦手です。

なんだか忙しくしていないと頑張っていない気がして、常にスケジュールの余白をなくすように、仕事や学びの予定を詰め込んでいました。

すると次第にイライラしてきて、身近にいる人に対しても、だんだん「もっと頑張ってよ」「なんで休むの?」などと思うようになってしまったんですよね。

そして、そんな自分に嫌気がさしていきました。

「私はどうしてこんなに心が狭いのだろう」

「人に当たってばかりいる気がする」

と。


そんなとき、仕事に生かそうと思って継続して受けているビジネスコーチングで、

「時間の余白を大切にしましょう。余白が心の余裕や考える力を生み出します」

と教えていただき、思いきって、あえて時間に余裕をもたせることにしました。

最初は何もしていない時間が落ち着かなくて、「こんなにゆったりしていいのだろうか?」と考えていましたが、信じてやってみたのです。

すると、すぐに本来の自分を取り戻すことができました。

そう、あなたが心の狭い人なのではなく、きっとキャパシティを超えているだけなんです。

完璧主義で頑張り屋さんのあなたは、気づいたら自分の限界を超えてしまう。

「休む」

「休憩する」

「時間に余裕を持つ」

「仕事や予定を詰め込みすぎない」

ということを意識するだけで、心の余裕はすぐに取り戻すことができます。

今日からは「余白」も大切に。

自分を許せば、誰でも許せるようになるのです。

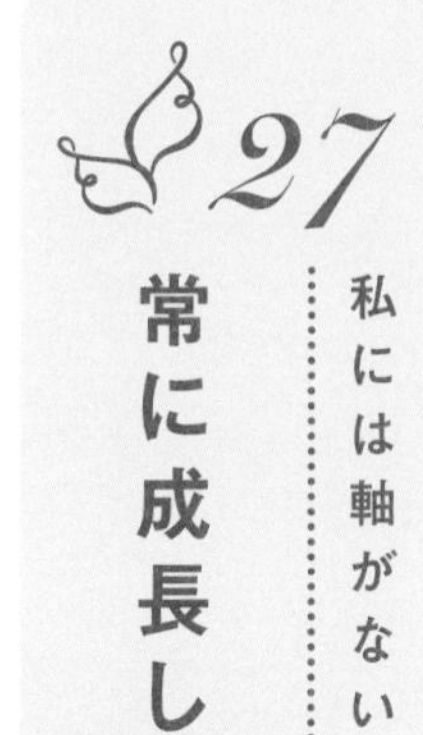

私には軸がない
常に成長している。

誰かがこれまでよりも変化したときというのは、必ず批判されます。

たとえば、私のようにＳＮＳで活動していると、昔の知り合いから「昔と全然違うね（笑）」「メンヘラだったのに」などと突然ＤＭが届くことがあります。

ＳＮＳの活動でも、環境や発信内容が変わると、ごく一部の否定的な方から「昔のほうが好きだった」「変わっちゃったね」「迷走してる」と言われます。

しかし私は思うのです。

「そりゃあ、変わるでしょ。常に成長してるんだから♡」

とね！（笑）。

なんにも悪くないですよ。

だって、どうしたらもっとよくなるかを常に考えて動いているだけなんですから。

1週間前と意見が変わったからってなんだというのでしょうか？

私なんて、よりよくするための仕事のアイデアが毎日のように変わりますが、これも単に成長スピードが早すぎるだけだと思っています。

私のパートナーもそういうタイプなので、2人の会話をほかの人が聞いたら、毎日言うことが変わりすぎて理解できないと思います。

人の考えや行動は、成長しているぶんだけ、当然変わります。

むしろ変わらないほうが怖いです。

人間は、変化を嫌う生き物で、一定に保とうとする性質があるので、変化に批判はつきものなんです。

ですが、あなたが感じたものは、すべてあなたらしさ。

気にする必要はありません。

「進化論」を唱えたチャールズ・ダーウィンは、

「最も強いものが生き残るのではなく、最も賢い者が生き延びるのでもない。唯一生き残ることができるのは変化できる者である」

という名言を残しています。

生物進化の歴史を紐解くと、生き残って進化してきたのは、「弱いけれど環境の変化に適応できた生物」だといいます。

変化を恐れず、常にアップデートし続けていきましょう！

ブレブレ上等です。

何か言われても、「私、成長スピード早いので♪」とキメ顔しちゃってください！

心配性で不安が強い

危機管理能力が高い。

私は会社を設立するにあたって、行政が開催する3ヵ月の起業塾に参加しました。

そこでは、「融資の審査が通る事業計画書」を完成させることをゴールとし、経営の基礎知識やビジネスの基本的な考え方、事業アイデアのブラッシュアップなどを行います。

融資の審査が通る事業計画では、「なぜそのビジネスがうまくいくのか」「なぜ世の中のためになり、なぜ黒字になるのか」といった根拠を数値で表さなければいけません。

「なんとなくうまくいきそうだから」というふわっとしたものでは審査は通りません。

そこで必要なのが、リスクを洗い出し、最悪なケースを想定する力です。

ビジネスでは、あらかじめ起こりうるリスクをすべて書き出し、対処法まで考えることが基本中の基本。なぜなら、いいことばかり想定していては、何かトラブルになったときに対処ができなくなって経営破綻してしまう恐れがあるからです。

経営者は常に「最悪なケース」を想定して動いているものです。

これは人生でも同じだと思うんですね。

楽観的に「なんとなくいけそう」だけで進むのもいいですが、いいパターンしか考えていなければ、壁にぶち当たったときに折れてしまう可能性が高いです。

その一方、「うまくいかなかったらどうするか」を考えている人は強いです。

実際にトラブルが起こったときに焦らなくてすみますし、あらかじめ「悪いことは起こるものだ」と理解している人のほうが、挫折もしにくいというわけです。

だから、不安になりやすいということは、危機管理能力が高い才能があるということなんですよね。

しかしながら、「どうしようどうしよう」と不安になるだけで何もしないでいると、その才能のムダづかいになってしまいます。

「どうしよう＋対処法」まで考えておくことであなたの才能は発揮できます。

これからは「心配＋対処法」まで考える。これで挑戦する土台に乗れますね♪

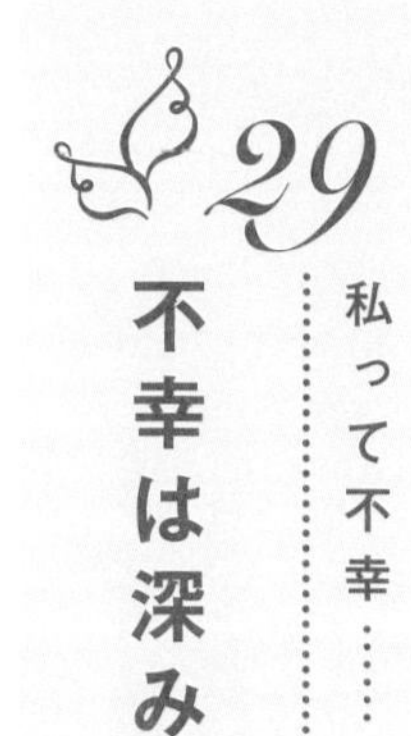

私って不幸……

不幸は深みを出す調味料（スパイス）。

数年前、YouTubeの投稿に専念するために、東京での暮らしを捨て、家賃がたった5千円の築70年の家で生活を始めました。

当時、YouTubeの収益は、なんと月1万円ほど。

お金がなくてどうしようと思っていたのですが、**「どうせなら1ヵ月ゼロ円で乗り切るところを動画にしちゃおう！」**と開き直りました（笑）。

つらいエピソードも、芸人さんならネタにしてしまいますよね。

そんな感覚でした。

当然つらくて、結局のところ、この企画も失敗してしまったのですが……。

そんな折、ご縁があって芸人のジョイマンさんと、お仕事でご一緒する機会があり、「サイン会にお客さんが1人もこなかった」というお話をしてくださいました。

しかしその後、ジョイマンさんは、その苦いエピソードを武器にして「サイン会全国ツアー」を大成功させています。

このように、一見不幸と思われるような出来事も「ネタ」感覚でいると、不幸も不幸と捉えなくなります。

動画にしたり、テレビで披露するということはあまりないと思いますので、「友達に話すネタにしよう」でもいいと思います。

不幸は話のネタ。

あなたの深みが増す、財産です。

どうでしょう?

あなたの中にもいいネタありますか?

ぜひ今度、聞かせてくださいね。

前向きに捉えられる心さえあれば、不幸は不幸でなくなります。

なんだか生きづらい

自分の内側と向き合う、いい機会。

言葉にはできない生きづらさ。

普通と言われることが普通にできないもどかしさ。

私はずっと感じて生きてきました。

特に上京して大学生になり一人暮らしを始めた頃から、いつも感じていました。

たとえば、バイトでミスばかりしてしまう。いつも同期に後れを取る。

毎日のように「なんでこんなこともできないの?」と怒られてしまう。

「言われた通りにやる」ということが、私にとっては本当に難しいことでした。

私生活でも、気をつけていてもとんでもないミスをしてしまったり、料理をしようとして家を火事にしかけたり……(笑)。

「私はみんなができることができないダメ人間なんだ」と当時は思っていました。

ですが、そんなことはありませんでした。

ダメ人間などいません。

綺麗事ではないです。

だって、「ダメ人間」のレッテルを貼られていた私が、今では「好き」を仕事にできているし、人から感謝されるようなことを形にできています。

もうほとんど生きづらさを感じることもありません。

うまくいかなかったことって、自分に合っていなかっただけだと思うのです。

できる奴 or できない奴ではなく、合っていたか or 合っていなかっただけだということ。

これを多くの人が勘違いしています。

そう、当時の私のように、ムダに自分を責めたりなんかしながら。

生きづらさを感じたのなら、自分の内面とじっくり向き合ってみてください。

「私がやりたくないことは何？」

「好きなことと嫌いなことは何？」

たくさん自分に質問してみてください。

31

人と比べる

人のよいところを見つける天才！

「あの人のほうがすごい。あの人と比べたら私なんて……」と考えてしまうことはありませんか？　私のもとには、そんなお悩みが多く寄せられます。

思うに、他者を素直にすごいと思える人は、人のよいところを見つける天才です。

それに、人と比べることは実は悪いことではありません。

そもそも人間は比べる生き物。

「社会的比較」といって、何かと別の何かを比較して物事の価値を図っています。

比べてしまうこと自体は当たり前なので、問題ありませんよ。

大事なのはそこからです。

自分を卑下したままの人は、残念ながら何も得られず終わってしまいますが、とあることを意識すれば、自分自身の成長に変えることができます。

それは、

「この人がうまくいっている理由はなんだろう？」と考えることです。

「この人はなぜうまくいっているの？」

「この人の魅力はどこ？」

こんなふうに観察してみてください。

そして、真似する！

よいところを自分に取り入れるんです！

僻むのではなく、「私にも取り入れられそうなポイントはあるかな？」といった視点に変換してみましょう。

たとえば、仕事もプライベートも充実している同僚を羨ましく感じたなら、「なぜ器用に両立できているのだろう？」と、時間の使い方や考え方を観察してみましょう。

もし直接聞けるようなら、聞いてみるのもひとつの手です。

私は「この人、めっちゃ仕事できる！　私は全然こんなふうにできていない！」と感じたら、落ち込むよりも先に仕事のやり方を観察します。

聞ける状況なら、**「どうやったらそんなに仕事が早くできるんですか？」「どういうスケジュールで動いていますか？」**などとすぐに聞いてしまいます。

キレイな方がいたらすぐに美容法を聞いて真似しますし、周囲に愛されている方がいたら言葉遣いや立ち振る舞いを観察して自分も取り入れます。

すると、人と比べるという行為が成長のチャンスに早変わり♡

人のよいところを見つけるプロのあなたなら得意なはずです。

それからもうひとつ。

私は「あの人よりできているか、できていないか」よりも、「過去の自分より進んでいるか、進んでいないのか」を意識して過ごしています。

「過去の自分より少しでも前に進もう」という「自分自身の比較」もプラスしてみると、グンと成長スピードが上がりますよ♪

Column 3

貯金ゼロ、築70年の家で修業した1年

キャバクラで貯めたお金でネイルサロンを開業し、キャバ嬢を引退した24歳。

ネイルサロンを運営しながら、認知拡大のために美容系 YouTube の運用をしはじめました。

しかしながら、当時は自分の容姿に自信がなかったので「美容系」として、ある種容姿を売りにすることが、徐々につらくなってしまい、次第にカメラに映った自分の顔と向き合うことができなくなりました。

そこで、「1人じゃなかったらできるかも!」と考えて、パートナーを誘って、カップルコンテンツを始めたんです。

私はネイルサロンを運営しながら、パートナーは別の仕事をしながらの YouTube 運用でした。しかし、二足のわらじで成功するほど甘い世界ではありません。

なかなか結果が出ず、サロン開業で貯金も使い果たしていたので、どんどん生活は困窮することに……。

夢を捨てるか今の生活を捨てるかの、二択を迫られました。

答えは出ていました。

「本気でYouTubeで成功するために、この生活を捨てて、生活費のことを考えなくてすむ田舎に引っ越そう」と。

もう現実逃避はやめました。

目の前の現実と真っ向から向き合って、絶対に人生を変える。

そう心に決めました。

そこで知り合いの紹介で、壁が穴だらけで虫も入り放題の築70年の家を月5千円で貸してもらったんです。

「これは修行期間だ。1年で絶対に成り上がって、前以上の暮らしに戻る」と誓いを立てての引っ越しでした。

……が、そこでの暮らしは想像以上に過酷です。

まず、まともに暮らせるように部屋の穴をふさいだり、古くなって腐った畳を張り替えたり……1日中DIYをしながら、その様子をYouTubeに毎日投稿しました。

少し前まで六本木でシャンパンを飲んでいた私が、ホームセンターに行ってペンキまみれになる毎日に……（笑）。

当然DIYなんて超ド素人ですし、YouTubeに投稿する動画編集も自分たちでやっていたので、1日2～3時間睡眠が続きました。

1日の作業が終わってようやく眠れたと思ったら、目の前に手のひらサイズの虫があらわれて大泣き（笑）。

と、そんな日々でした。

友達との連絡も一切取らず、遊ぶ時間はゼロ。

それでも、前を向くしかなかった。

特に「ポジティブ変換力」が強化されたのは間違いなくこの日々です。

本書ではそれが3秒で手に入ってしまうので超お得です！

第4章

【人付き合いが苦手】
私が私らしくいられることが最優先！

人見知りを治したい

あえて宣言すれば、すんなり仲良くなれちゃう武器になる。

私はもともと、かなりの人見知りです。

キャバ嬢をはじめたばかりの頃は、ヘアメイクをしてスイッチを入れ、勤務開始前に一杯お酒を飲んで、営業中も「酒飲みキャラ」を演じることで、なんとか話すことができました。

少しずつコミュニケーションの勉強をして改善していきましたが、キャバ嬢を卒業して自分で仕事をするようになってからは、接する人が変わり、接し方がまた変わっていきますね。

そこで再び、話すことへの苦手意識が生まれてしまいました。

それでも、仕事で人と関わる機会は当然あります。

私は、人見知りな自分を悟られないように、「普通」に見えるように、必死になっていました。

だけど、あるとき、周りにいる「愛される人」を観察していて、共通点があることに気づいたんです。

それは苦手なことを堂々と相手にオープンにしていること。

「僕、社会が出たことがなくて、失礼があったらすみません」

「私はそれについて詳しく知らないので教えていただけますか？」

こうした自己開示を必ずしているのです。

そこで私も、あえて最初に「私、実は人見知りなんです」と宣言することにしました。

すると相手も「そうなんだ」といった感じで、受け入れてくれました。

隠そう隠そうと思うよりも「もう言ってしまったから」と思えたほうが、落ち着くことができるんですよね。

最初に言ってしまえば、相手もあなたの目が泳いでいようと不思議に思いません。

さらに、自己開示は相手からの信用獲得につながります。

「オープンで正直な人」という印象を与え、心を開いてもらいやすいのです。

そこから私の人見知りは徐々に改善していきました。

もちろん、いきなり「誰とでも緊張しませ〜ん！」というわけではありませんが、見違えるほど落ち着いたのです。


さらに、できる方はもう一歩。

「人見知りなのですが、あなたに会いたかったから会いに来ました」

と伝えてみてください。

どうですか？

言われていやな人はいないと思いませんか？

人見知り宣言、むしろ好印象になるチャンスです。

あえて心の内を明かすことで、すんなり仲良くなれてしまいますよ♡

思ったことが言えない

言葉を選ぶ品性がある。

「思ったことをハッキリ言えない」

「違和感をうまく指摘できない」

「自分の意見が言えない」

それは「こう言ったら気を悪くさせちゃうかな?」と思うからではないでしょうか?

つまり、あなたには言葉を選べる品性があるということ。

あなたの才能です。

思ったことをハッキリ言えない自分を責める必要はありません。

相手の気持ちを損ねないように、精一杯気を遣えるあなたは素敵です。

もし言葉に詰まったり、思うように話せないことがあっても「私は慎ましくて品のある女。あえて言わない選択をしているの」と心の中で唱えてくださいね。

もちろん、ハッキリとした物言いができる方や、オープンに話せる方も魅力的ですよね。ですが、自分の特性に抗(あらが)って、無理してほかの誰かのようになろうとする必要はありません。

実は私も、すごく言葉を選んで話したいタイプです。

YouTubeを始めたばかりの頃、撮影の参考にするべく、人気の女性YouTuberの動画をいくつか見てみたのですが、どなたも話が上手で、面白いエピソードをスラスラ話していました。

「よーし、私もこんな感じで話すぞ！」と意気込んで、いざ動画を撮ってみると、言葉を選びすぎて全然話せなかったんです。

「こう言ったら傷つく人がいるかも？」「こういう言い方は誤解を招くよね？」などと考えすぎて、「うーん……」と黙り込んで、「なんでこんなにうまく話せないんだろう」と自信をなくしてしまいました。

それでも自分なりに頑張って投稿しているうちに、「繊細な言葉選びが好き」「傷つかない物言いが好き」「上品な話し方が好き」と言ってもらえるように……。

そうして、これが私の魅力なんだと気がつくことができました。

今でも、言葉を選ぶあまり、沈黙してしまうこともよくありますが、気にしていません。

それが私のよさですから。

私には私の、あなたにはあなたのよさがあります。

あなたの持つ才能を磨くことで、魅力が爆発するはずです！

話をするのが苦手

聞き上手こそ、真のコミュニケーション上手。

ここでみなさんの勘違いを解きたいと思うのですが、「話がうまい人＝ペラペラ話せる、芸人さんのような面白い人」とは限りません。

そんな人、プロの芸人さんでもなければそうそういません。

では、一般社会での「話がうまい」とはなんなのかというと、ズバリ「聞き上手」だと思います。

実は売れっ子キャバ嬢さんはそんなにしゃべりません。

むしろ口数が少ない人が多いです。

もちろん、なかには面白いトークで場を沸かせるという人もいますが、真似しようと思ってできる芸当ではありません。

では「話さないキャバ嬢」が何をしているのかというと、「話させる」です。

話が苦手な人が急にトークのプロのようになるのは難しいですが、反対に「聞き上手」を目指せる素質があるということです。

聞き上手こそ、「もう一度会いたい」と思われる人、相手が気持ちよく話せる人なのです。

話を聞いているだけで「この人と話すと楽しい」と思われたら理想ですよね。

では具体的にどうすればよいかというと、「相手の話を受け入れて質問」「受け入れて質問」を繰り返すことです。

「そんなふうに考えていたんですね」（受け入れる）

「どうしてそう考えたのか聞いてもいいですか？」（質問）

といった具合です。

「受け入れる」場合、ときにはオウム返しも有効です。

たとえば、こんな感じです。

相手「最近仕事でミスして怒られちゃったんだよね」

あなた「怒られちゃったんだね」（受け入れる）

というように。

「尋問」っぽくならない質問のコツは、事実より感情に対して深掘りすることです。

どんなところが楽しかったの？

どんなところが嬉しかったの？

どんなところが好きなの？

どんなところがいやだったの？

どんなところがしんどかったの？

どんなところに難しさを感じているの？

というように、相手の感情にフォーカスすれば、気持ちよく話してもらえるでしょう。

話が苦手な方は、相手の感情を引き出すプロを目指せちゃいますね。

よっ！　聞き上手！

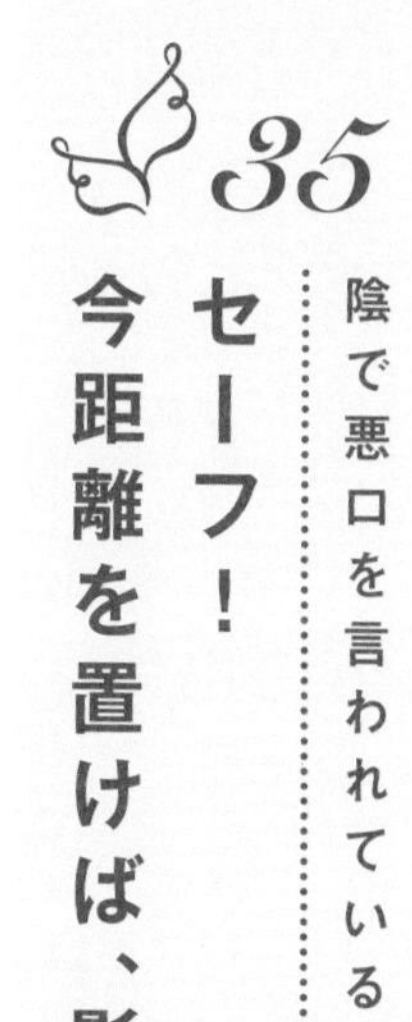

陰で悪口を言われている

セーフ！今距離を置けば、影響されずにすむ！

私が高校時代にアルバイトをしていた頃のエピソードです。

私は真面目に仕事をしているだけなのに、休憩時間にコソコソと私の噂話をしている人たちがいました。

メガネがダサいとか太ってるとか、そんな感じだったと思います。

「この人たちの声が聞こえないところに行きたい。だけどお腹は空いてるからご飯は食べなきゃ」と思い、トイレでご飯を食べる羽目になった苦い思い出も……。

しかし、「トイレ飯」はあまりにつらすぎて、「なんで私が隠れなきゃいけないんだ？」と思い直し、堂々と休憩するようにしました。

するとつまらなくなったのか、今度は違う人の噂話で盛り上がっているようでした。

つまりはそういうことです。

常に誰かの悪口や嫌味を言っているのです。

彼女たちから悪口や嫌味を取り上げたら、何も話すことがなくなってしまうでしょう。

彼女たちが求めているものは相手の「反応そのもの」。

暇つぶしになる反応がほしいだけで相手は誰でもいいというわけです。

おそらく、どこに行ってもやっています。

もし集団でやっているとしたら、なんとなく周りに影響されているだけなんですよ。

長いものに巻かれて、似たもの同士で集まっているだけ。

狭いコミュニティでは、多数派が正義の構図になりがちなので、悪口や嫌味を言われて「私が悪いんだ」と思ってしまうものですが、第三者目線で見たらそんなことはありません。

影響されないように、遠慮なく距離を置きましょう。

さぁ、今、距離を置けば、影響されずにすみますよ。

セーフセーフ！

あー、あなたまで影響されなくてよかった！

余計なアドバイスに傷つく

多分相手は「今日暑いね～」くらいの感覚で言っている。

繊細な人と大胆な人の価値観の差は、小さな村のおばあちゃんと都心のマンションに住む若者くらい違います。

私は青森の片田舎出身です。

私の住んでいたところは、まだ「そこそこの田舎」という感じなのですが、祖母の家は同じ青森でも、コンビニもなければスーパーも車で1時間近く離れたところにしかないような場所にありました。

そういった場所では、地域の人たちで支え合って生きています。

そのため、隣人がインターホンなしに突然扉を開けて入ってきて、

「野菜持ってきたよ！　もー、昼まで寝てダメじゃない！　ちゃんと野菜食べないと！」

と言って、勝手に野菜を置いていくなんてことが当たり前。

とても親切な方が多いのですが、私は小さい頃、これが本当に苦手で……。

だけどその地域では、それはまぎれもない「厚意」なんですよね。


さて、これが都心のマンションだったらどうでしょうか?

途端に不審者になってしまいますよね。

「なんて無神経で失礼な人なんだ」と思われるならまだいいほうで、高確率で通報されかねません。

しかし、家に訪問したほうは、「挨拶がてら、厚意でやっただけなのに、大げさな!」と思うでしょう。


住む世界が違う、感覚が違う、常識が違うとはこういうことです。


これは人間の内面の感覚も同じだと思うんですね。

断りなしに相手の心のシャッターを勢いよくこじあけて、「今日暑いわねー、アイス持ってきたよ」くらいの感覚で、「ちょっとお邪魔しますよ。アドバイスしにきました」という人が世の中には存在するんです。

そういった感覚がない人にとっては、「えっ、なぜそんなことするの？」と理解不能だと思います。

ですが、「なぜ？」の答えは、シンプルに「そういう感覚の人だから」です。

生まれも育ちも180度違う人同士の異文化交流みたいなものです。

どちらが良い、悪いという話しではありません。

まったく種類の違う人の言動に傷つく必要はないということです。

「この人、こういう人だもんな」って思っておくこと。

そして、鍵をかけて入ってこないようにすること。

苦手な人と接するときは、「私の心の中には一歩も踏み込ませないぞ！」というつもりで接してみてください。

相手に対して心のシャッターを閉じてもよいのです。

バカにされた

嫉妬される側の人生is最高。

SNSで発信する活動をしていると、批判されることもつきものです。

活動しはじめた頃は、アンチコメントが気になって、いちいち真に受けて傷ついていました。

でも負けるわけにはいかなかったので、

「誰からも関心を持たれないで何も言われないよりマシ。それだけ光る個性があるってことよ」

と自分に言い聞かせるようにしました。

最初は強がりでも、そう思い込むようにしたんですね。

すると次第に本心からそう思えるようになっていきました。

それからは、

「どれだけ批判されてもいい。それより自分自身を貫こう」

と決めました。

自分の信念さえ貫いて、私さえ私を愛せていれば、誰に何を言われても、私の価値が下がることはありません。

自分自身を好きになれることだけを目指すんです。

たとえ他人に批判されるようなことがあっても関係ありません。

いつだって主人公は、最初はバカにされるものです。

漫画『ワンピース』のルフィだって、漫画『花より男子』の牧野つくしだって、最初はみんなにバカにされていました。

究極の二択で、人にバカにされるかバカにするかを選ぶならば、私ならバカにされる側の人生を選びたいと思います。

「バカにされる側でよかった！」とさえ思います。

人の努力を笑う人は努力したことがない人。

住む世界が違います！

38

他人に相談できなくて抱え込む

相手の立場になって考えられる証。

周りに相談できないあなたは優しい人。

「迷惑になるかな？　こんな話、聞いてもつまらないよね」

などと相手の立場になって考えられる証でしょう。

しかし、迷惑をかけずに相談することはできます。

それは、

「相手に答えを求めない」

「理解されることを期待しない」

「ただ聞いてもらい、感謝する」

です。

私は他人に相談するとき、あえて**「アドバイスはいらないから、ただ聞いてほしいんだ**

よね」と前置きをして話を聞いてもらいます。

他人に話すときには第三者に伝わるように話そうとしますよね。

すなわちそれは、起きた出来事を自然と客観視する作業になります。

自分に起こったいやなことや不運を冷静に話す。

その行為こそが思考を整理し、「話しただけでスッキリした気がする」を生み出すのです。

ただただ聞いてくれる人がいたら、心から感謝しましょう。

逆も然り。

誰かに相談されたら「的確なアドバイスを返してあげなきゃ」と思う必要はありません。

「そんなことがあったんだね」とただ聞いてあげるだけで相手のためになりますよ。

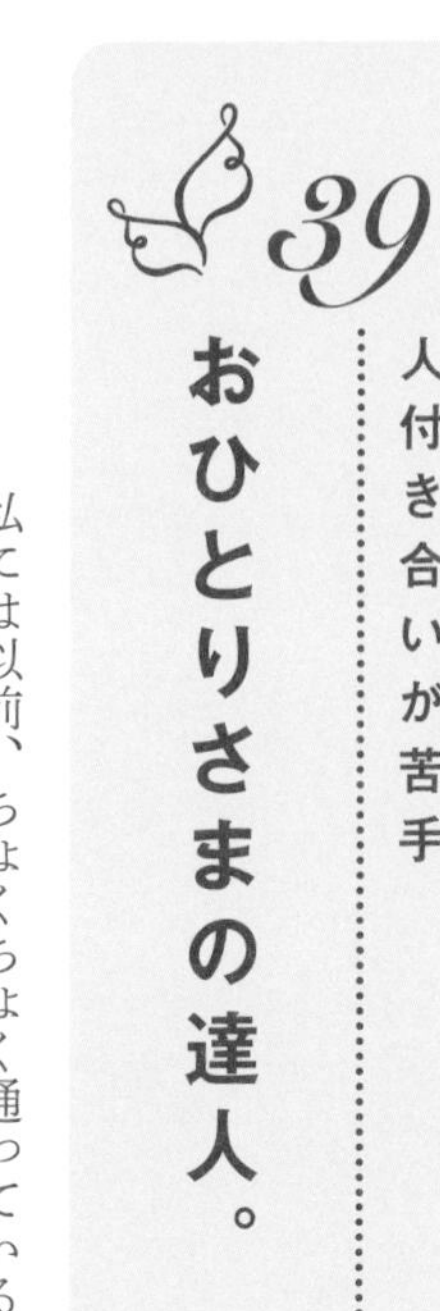

39

人付き合いが苦手

おひとりさまの達人。

私には以前、ちょくちょく通っているバーがありました。

当時お酒を飲むのが好きだったので、ひとりでお酒を楽しみに行って、ときどき店員さんと会話をする……という場所でした。

あるとき、誰とでもすぐに打ち解けてしまうタイプの友人Yちゃんが「そのバーに行ってみたい！」と言うので、連れて行ったことがあります。

すると彼女はものの10分で、店員さんも周りのお客さんも巻き込んで、その場のみんなと仲良くなってしまいました。

何度も通っている私が1人でポツンと取り残されてしまうほど、一瞬で全員と打ち解けてしまったんです。

「これがコミュ力オバケか！」と思いました（笑）。

同時に「いいな、あんなに人気者で。私はすぐに人と仲良くなったりできない……」と落ち込みました。

彼女はSNSでもいつもたくさんの人に囲まれている写真をアップしていたので、それを見ては、「私にはこんなコミュ力ない……」「私にはこんなに仲良くしてくれる人はいない……」などと悲観的になっていました。

ですが冷静になって、自分に問いかけてみたんです。

「じゃあ、私は人気者になりたいの？　多くの人に囲まれて毎日を過ごしたいと思っているの？」と。

答えはノーでした。

私は1人で過ごす時間が好きだし、誰にも邪魔されずに本を読みたい。

予定を立てずにふらっとカフェに行ってコーヒーを楽しみたい。

それが毎日違う友人との予定が詰まっていたらどうでしょう？

ちっとも落ち着ける時間がなく、毎日気を遣って精神的に消耗し、家でどっと疲れ、「もう1人にしてくれ～！」と嘆くのがオチだろうと思いました（笑）。

大勢と仲良くするということが苦手な私にとっては、彼女のような生活はむしろストレスになることに気づいたんです。

ではなぜ彼女のことが羨ましく感じたのでしょうか？

おそらくただ、なんとなく「いいな」と錯覚してしまっていただけなんですよね。

私にも多くの友人をつくるチャンスはきっとあったはずです。

だけどあえてそうしてこなかった。

私は自分が心地よいと感じる「おひとりさま時間」を好んで選択してきただけです。

もしあなたが、「人付き合いが苦手」ということを引け目に感じているのなら、その必要はありません。

あなたは自分で自分の人生を謳歌できる、おひとりさまの達人です。

なんて素敵なことでしょう。

人目を気にせず、おひとりさまを楽しむことにどんどんトライしましょう。

それに私は、人付き合いが少ないという人も魅力的に感じます。

自分自身が交友関係が広いわけではないので、「友達がいっぱいいます！」という方と接していると、なんだか「温度差」を感じてしまうことがあります。

「私にとってあなたは5人の友人のうちの1人だけど、あなたにとっては100人のうちの1人にすぎないのかな」というように……。

だけど「狭く深く付き合う」タイプの方とは、私と熱量が同じ気がして、寂しさを感じるということはありません。

これも相手にとって、とてつもない魅力ですよ。

大切な人に見放された

いずれ消える他人より、一生付き合う私が大事。

悲しいですが、他人はいずれ消えていきます。

最期のそのときまで自分の人生を動かし、人生の責任を取るのは、紛れもなく自分自身。

だから何があっても自分自身を一番に大事にしましょう。


大学生の頃、心療内科に通い出したり、容姿コンプレックスがあったために目に見えてわかるような整形をしたり、顔を見ただけで「病んでいる」とわかるような表情でいた時期がありました。

明らかに様子が変わった私を見て、たくさんの友達が離れていきました。

正直、「関わりたくない」と思われて当然だったと思います。

それでも、私は私自身を見離さなかった。

「こいつ、もうダメだ」と匙を投げずに、ちゃんと「私」という人間に向き合いました。

私がどれだけ落ちぶれても、一緒にいてくれるのは結局、私です。

この世で一番私のことを考えているのは私。

私以上に私のことを無条件に大切にしてくれる人なんていないと思うんです。

私を見放した人は、それまで。

自分のもとに帰ってくるかどうかわからない人にすがるよりも、必ず返ってくる自分磨きに有限の時間を使いましょう。

一生付き合う私自身を一番に信じて、愛してください。

Column 4

自信を持って生きられる女性を、絶対に増やす！

毎日 YouTube 含むＳＮＳ運用を本気で１年頑張り続け、その過程で「私のようにコンプレックスを抱えている女性に自信を与える投稿がしたい」という目標ができました。

そして、現在の「まゆ姉」のアカウントの発想に至りました。

自分の信念に沿った投稿だからか、ありがたいことに今ではたくさんの方に応援していただけるようになっています。

過去、ネイルサロンはさまざまな事情があって閉業してしまいましたが、「ビジネスコーチング」を１年間受講して経営を一から学び直し、２０２３年１月には会社を設立することができました。

この会社の想いはまさに「自信を持って生きられる女性を増やすこと」。

現在はオンラインフィットネス「ボディメイク部 ippo.」を運用しています。

「ippo.」には、「１人では踏み出せない一歩も、一緒に踏み出そう！」という想いを込めました。

あくまで私は教えるような「上の立場」ではなく、いつまでもみんなと「一緒に頑張ってこーよ！」の立場でありたいと考えています。

「私だって未熟者だしさ、みんなも大～丈夫よ♡」という気持ちです(笑)。

なぜフィットネス事業なのかというと、やはり自分が体形に苦しんできたという過去があるので、同じような方々を自由にしたい、幸せにしたいという想いがあるからです。

そして運動を習慣化することで、「できた～♪」と自分を褒めて、「一緒に自己肯定感を上げていこうよ！」という気持ちがあります。

「マインドも容姿も、一緒に自信をつけて、人生を輝かせていこうよ!!　一緒ならできるよ!!」って背中を押したくて、今、燃えています。

まゆ姉としても会社としても、「本当に相手のためになるのか？」という姿勢をさらに強化して、本質的に「自信をつけていただく」を追求していきたいです。

message 2

他人にどんな悪意を向けられようと、
「ふ〜ん、こんな人もいるんだな」と
いうスタンスです♡

第  章

【恋愛がうまくいかない】幸せになれない恋は願い下げ！

男運がない

人類の半分は男！

「いい男になかなか出会えない」と嘆く方に、私の友人のエピソードを贈ります。

数年前、友人は婚活をしていました。

その頃、毎日のように婚活デートの予定を入れていた彼女。

「なかなか、いい人がいない」

と嘆いていたので心配しましたが、彼女は明るくこう言いました。

「私、理想高いから。そうそう当たりが出ない宝くじみたいなもんだと思って毎日引いてるの。だって3等の3千円じゃなくて1等の2千万円を狙ってるから。数引かなきゃいけないのよ♪」

そう言って彼女は、丸の内の夜を颯爽（さっそう）と駆けていきました。

「男運なんて宝くじみたいなもんだから、とにかくまずはクジを引く数を増やそう」という理論。

間違いないなぁと思いました。

結果、彼女はいい人に巡り合い、幸せに過ごしているそうです。

私だって過去にはモラハラ男を引き当ててしまいましたが、今では幸せにやっています。

人生は長いし、人間は山ほどいる‼

いい相手に巡り会えないというときはこう唱えてください。

人類の半分は男！！！！

もし恋愛対象に同性も入れるというなら全人類！

もしあなたが「男運がない」と嘆いているなら、「抽選し続ければそのうち当たる！」くらいの気持ちを持ちましょう。

好きな人に選ばれない

選ばれる女より選ぶ女になれる。

いい男性に選ばれるのを待っていたって、そのときはやってきません。

あなたは「選ぶ側」。

運命は自分の手で作り上げるものです。

「こんな私が、好きな人に選ばれるはずなんてない」なんて予防線を張って、傷つかないように、これ以上自分を嫌いにならないように、ビクビクしていたんじゃ何も始まりません。

その人との未来を創造したいのなら、行動しなくちゃ！

彼を「私の運命の人にしたい」と思うなら、受け身でいたらもったいない！

恋の駆け引きっていろいろあるけれど、私は直球勝負派です。

気持ちをアピールして、愛を伝えて、「あなただけ見ている」って全力で伝える！

ＬＩＮＥも送る。

視界に入る。

会いたい気持ちも伝える。

ほかの誰よりも彼に関心を寄せる。

そうして一緒にいる人を自分で選んできました。

そもそも受け身のスタンスではないので、思ったような反応が返ってこなくても当たり前だと思っています。

「だって私が選んだ男なんだし、そりゃあ、人気もあるよねー」

そして、

「でも私はこの人を選んだからにはアピールするよ」

って。

だからあなたも、ガンガンアピールしていきましょう！

黙っていても何も起こりませんから！

ただ注意してほしいのは、「愛＝犠牲を払うことではない」ということです。

「自己犠牲を払ってでもあなたを幸せにしたい」は「都合のいい女」の始まり。

「積極的になること」と「身を削って尽くすこと」を、履き違えないでくださいね。


また、「相手に幸せにしてもらおう」という考えも少々期待のしすぎです。

「私も幸せになりたいし、あなたも幸せになってほしいんだよね。どう？　私と２人で幸せにならない？」


という対等な姿勢でアプローチすることが大切です。

「いやいや、私は選ぶ女になんてなれっこない……」

そう思いましたか？

それは思い込みです。

自信が持てずに選ばれるのを待つことしかできないという方は、自分磨きのタイミングです。

自分を磨いて、見た目も内面も自信をつけ、「選ぶ女マインド」が整ってからのほうが、恋の選択肢はグンと広がります。

「私にはできない」は大体勘違いです。

自分の可能性を自分で狭めないでください。

選ぶ女のスタンスになることができれば、いくらでも選択肢はあるのです。

素の自分を見せられない

存在そのものを愛してくれないなら、いらない!!

「彼に嫌われたくないから、自分の悪いところを見せられなくて苦しい」

こういった相談が多く寄せられます。

そういう方の中には、過去に自分の素の部分を見せて否定された経験がある方もいるのではないでしょうか?

私も過去の恋愛でいやな思いをした経験から、今の彼と付き合いたての頃も、彼をまったく信用できませんでした。

当時、「素の自分を見せたらどうせ離れていく」という盛大な勘違いをしていた私。

というのも、過去のモラハラ男との恋愛で、料理ができないことを強く指摘されたことや、すっぴんを否定されたことがトラウマになっていたのです。

今の彼の前でも、はじめは料理が苦手ということを隠すために、隠れてレシピ本を見て作ったり、本当は超大雑把なのにキレイ好きキャラを演じていました。

涙ぐましいですよね（笑）。

家事や掃除も苦手な私ですが、「完璧にしないと幻滅される！」と思っていたので、無理をしてでもすべてを１００点でやろうとしていました。

しかし、酔っ払って失態を晒したのを機に「ええい、どうにでもなれ！」と、思いきってありとあらゆる悪いところをたくさん見せました。

壊滅的に片付けができないところ、すっぴんが豹変するところ、面倒な日はお風呂に入らないところ、お風呂上がりは頭にタオルぐるぐる巻きにして、裸にパンツ一丁で過ごすところ、ムダ毛の処理をサボるところ、酒癖が悪いところ……（笑）。

それでもそばにいてくれたときに、相手を信用できるようになりました。

できないことやダメなところを見せるのは、相手への信頼。

「もうどうにでもなれ！」の精神ですよ。

「すっぴんを見て幻滅するくらいなら、どっか行っちまえ！」の心意気です。

付き合いたての最初の頃に悪いところを見せたのもよかったです。

早いほうが言いやすいですからね。

「私は付き合いたてじゃないから手遅れ？」

いいえ、どんなときでも今この瞬間が人生の中で一番早いです。

長引かせるより、今、ですよ！

私が過去に付き合っていたモラハラ男のように、「完璧じゃない彼女」を否定して、自分好みに変えさせようとしてくる輩もいますが、反対に「何もしなくてもあなた自身の存在自体を愛してくれる人」も必ずいます。


自分でダメだと思っている部分も受け入れてくれる人は絶対にいます。

私たちは、本当は、何かしなければ好かれないわけではない。

あなたの存在自体が愛されるに値するのです。

彼氏のために変わるべき？

彼氏を変えればいい。

20歳の頃、友達と飲みに行ったときに出会った年上の男性と、お付き合いをするようになりました。それがいわゆる「モラハラ男」でした。

私が少しでも太ったら「太ったでしょ？」「俺はブスが嫌いだからブスにならないでね」、しまいには、「鼻がもっと高かったらな〜」「女は25超えたら終わり」と言ってくる……。

今思うと、どうしてこんな奴と付き合っていたのか、自分でも理解できません（笑）。

内面についても「クズだな」「こんなこともできないの？」などと言われていたために、次第に「私が悪いのかな？」「私が変わるべきなんだ」と思い込むようになりました。

さらには「彼はきっと私のために言ってくれているんだ」と……。

ですが、「あなたのためを思って」と言う人は、大体自分のためです。

本当に相手のことを思っている人は、他人を自分好みに変えようとしません。

あなたを愛してくれる人というのは、ありのままのあなたをちゃんと理解しようとしてくれる人です。

相手好みになるためにこちらが変わらなければいけないなんて、おかしな話です。

それならば、「そのままのあなたのことが好み」だと思ってくれる相手を探しましょう。

変えるべきはあなた自身の中身でも容姿でもなく、パートナーそのものです。

私も、モラハラ男と実際に別れたら、ありのままの私を愛してくれる人があらわれました。

そんな人に本当に出会えるかはわかりませんが、別れなければ探すことはできません。

もし、パートナーに傷つけられ、苦しい思いをしながら付き合っている方がいるなら、言いたいです。

どんなに親しい間柄であっても、あなたの人格を否定していい人はいない。

そして、その人しかいないなんてことは絶対にありえない、と。

現状を変えたいのなら、人間関係から変えましょう。

45

喧嘩が絶えない

喧嘩は想いの交換。

愛する人との喧嘩は一般的にないほうがいいとされていますが、喧嘩は「お互いの内面を理解し合うためのイベント」だと私は捉えています。

どんなに親しい仲でも他人。

育ってきた環境がまったく違う他人と深く関わろうとしてるんだもの、ぶつかり合って当然だと思います。

かくいう私も、今のパートナーと付き合いたての頃、「できるだけ言い争いをしたくない」と思うあまり、少しぶつかり合っても「私が謝ればいいや」と、話を終わらせようとしていました。

当時は私がキャバクラ、彼がホストクラブで働いていたので、まぁ毎日喧嘩の嵐。

帰りが遅いだとか、誰といたんだとか、飲みすぎだとか、夜中になれば喧嘩のゴングが鳴るといった感じでした（笑）。

特にお酒が入った状態で喧嘩することが多かったので、喧嘩しているうちにだんだん酔いが覚めてくるんですよね。

すると冷静になってきて、「なんかもう、疲れたな。私が謝れば終わるかな」と匙を投げるようになりました。

しかし彼は「なんとなく謝るんじゃなくて、この場で話し合おう」と、ぶつかり合ってきてくれたんですね。

それからは、その日のうちにとことん想いをぶつけ合って解決しようと思うようになり、数えきれないほどの喧嘩と話し合いを繰り返しました。

喧嘩なしでは絶対に分かり合えなかったと思いますし、7、8年も長続きすることはなかったでしょう。

大切なのは、諦めずにとことん向き合うこと。

どちらかが匙を投げたら、分かり合えません。

相手が匙を投げるような態度を取ったとしても向き合うこと。

そのときはどれだけ話が長くなっても、諦めないことが大切です。

「もういいよ」と突き放したり、「私が悪かったね、ごめんね」と諦めていては永遠に本音の交換ができませんよね。

想いを交換し合って納得するまで話し合い、折り合いをつけるところまでとことんやる！

もしもパートナーから突き放すような適当な答えが返ってきても、『もういいよ』じゃなくて考えを聞きたい」と、相手が向き合ってくるまでぶつかってみてください。

大切なのは本音を隠さず、素直にまっすぐ向き合うこと。

喧嘩は、お互いのことを知ることができる絶好の機会と捉えて、大切にしましょう。

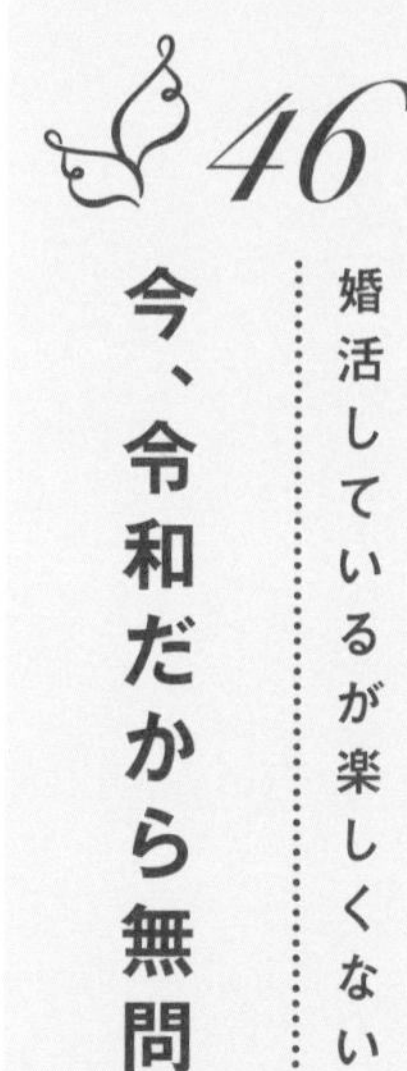

46

婚活しているが楽しくない

今、令和だから無問題♡

「結婚したら幸せになれるなんて、マボロシだった！」という現実が、ＳＮＳが発展した令和では露呈してしまいました。

もはや「結婚＝幸せ」という概念はなくなりつつあります。

そもそも「誰かに幸せにしてもらおう」という考えが間違っていたのかもしれない、とも言えます。

だって幸せは自分の心の中にあるものですから。

まずは、今、自分が１人でも幸せでいることが大切だと思います。

今、自分が「楽しい」と思うことをしていいんですよ♪

周りに「早く結婚しないとダメだ」と、なんだかかわいそうな人のように扱われても、胸を張って、

「いや、私は幸せなので！　今、令和だよ!?」

と言っていいんです。

まずはそう言えるような生活を送っちゃいましょうよ。

いくつになっても自分のやりたいことをやればよし！

趣味、仕事、自分磨き……。

誰かの幸せの価値観に寄せる必要なし！

私も親族に「結婚はまだ？」「子供はまだ？」と言われていた時期もありますが、「今、別のことに夢中なので！」と言い続けていたら、ついに何も言われなくなりました。

そして結局、そうした小さな幸せを自分自身で楽しめている人のところにいい人は寄ってくるのだと思います。

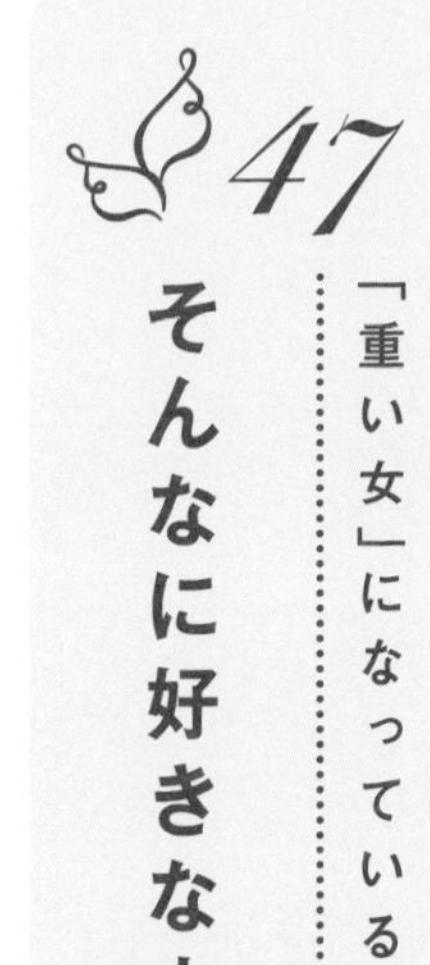

47

「重い女」になっている

そんなに好きな人に出会えた奇跡にカンパイ。

元キャバ嬢であり、そして現在はSNSを通して数十万人の相談をお聞きして、たくさんの人を見てきたからこそ言えます。

自分の気持ちだけが重くなっちゃうくらい好きだなんて、そんなに好きな人に出会えることなんてなかなかありません。

もはや推しが現実にいるようなもんです。

薔薇色の毎日ですわ。

まずはその奇跡にカンパイ。

「彼氏が推し」ライフを楽しみましょう。

ただ、同じだけ愛してもらうために、「何かをしてあげること」で自分の魅力を補おうとはしないでくださいね。

たとえばお金を援助する、家事をすべてしてあげる、言いなりになるなんてことは、愛情とイコールじゃありません。

本当に相手のことを思うならば、相手を「ダメ人間ルート」に乗せるのはかわいそうかも。

それだけ好きになるってことは、いい男の素質があるんだから、彼にも期待していろいろ任せてあげたり、託してあげましょう。

「あなたはもっといい男のはずよ、私、知ってるわ」ってね。

導いてあげるんです。

公衆トイレの張り紙を思い出してください。

「キレイに使ってください」ではなく、「いつもキレイに使ってくださり、ありがとうございます」ですよね？

キレイに使ってくれていることが大前提で、**「それが当たり前なんだからね？　あなたもできるって知ってますよ」**といった感じで、導いているんですよ。

彼に対しても**「あなたはレディを大切にできる人だもんね。そこらへんのダサい男とは違うもんね。私知ってるよ」**のスタンスです。

せっかく大好きな人と出会えたのですから、彼をダメ人間にしてやらないで。

推しに幻滅するのは悲しいでしょう?

とはいえ、世間一般でよく言われる「尽くす女は幸せになれない説」は、必ずしもそうだとは思いません。

なんだかこの説って「尽くす側が悪い」といったニュアンスを含んでいるような気がするのですが、相手の好意を搾取する側にも問題があると思います。

「好き」の気持ちを利用してくる人かどうかの見極めはシビアにいきましょう。

別れに踏みきれない

心もお金も自立するチャンス♡

「彼とお別れしたいけど不安で踏み出せない」というご相談がたびたび寄せられます。

うんうん、不安ですよね。

突然1人になって寂しくないか、1人でやっていけるのか……。

だけど思い返してみてください。

あなたはもともと、1人でちゃーんとやれていましたよ。

それでも寂しい気持ちはあると思うので、そんなときは画面の中に推しを見つけて気持ちを分散させましょう。

その彼だけしか見えていないと冷静になれません。

いったん無理矢理にでも依存先を分散しましょう。

無料で活力をもらえる推しに力をもらいながら、次は経済的自立です。

経済的に自立して「自分でなんでもできるわ」という状態にさえなれば、彼のもとから羽ばたく決心がつけられます。

今すぐ自立の準備を始めましょう。

新しく仕事を始めたり、副業や転職をするなど、行動してみましょう。

ここで大切にしてほしいのが、1人で頑張らないことです。

友人に話して協力してもらったり、自治体の相談窓口を探しましょう。

第三者が入ることで冷静に行動できるようになります。

1人で頑張っていると、どうしても彼を頼りたくなってしまいますからね。

さあ、推しに元気をもらってメンタル管理をしながら、自分の力で生きていく力を身につける時間です。

心が折れそうなときは、またこのページを読み返してくださいね。

大丈夫、あなたなら絶対にできます！

49

大切な人とお別れした

何かが出ていけば何かが入ってくる。

あなたの中で大きかった存在が消えれば、ぽっかり穴が空いた感覚になるでしょう。

だけど穴が空いて、スペースがあるということは、また何かが入ってくる余地ができたということ。お腹が空くと胃がムカムカしたり落ち着かなくなったりするように、今は変な感じがして気持ちがよくないと思います。

でも、**「また私の中に新しい何かが入ってきやすいように、今はちょっとスペースを開けているだけなんだ」**と思って、その身軽なあなたの状態で外に出てみましょう。

これまでは入るスペースがなかった何かがふわっとあなたの心に入ってきて、大切な存在になるかもしれません。

お別れは悲しいですが、あなたは今、新しい何かを受け入れる体制が整った状態。

終わりではなく、これからなんです。

message 3

私の価値は
私が決める!!

第6章

【私らしく生きたい】人生はいつだってこれから！

思うように頑張れない

「しんどい」は身体からの「休め」のサイン。

会社設立後、事業開発の準備をしていたときのこと、朝起きると、突然唇が大きく腫れ上がり、なぜか全身も重く、動けなくなったことがありました。

落ち着いてから病院に行くと、「クインケ浮腫（ふしゅ）」というストレスが原因の症状だと診断されました。

そう聞いた私はというと、慌てるでも戸惑うでもなく、「困るなぁ、まだまだやることがあるのに」と自分に苛立っていました。

そのことを尊敬する経営者の先輩にお話しすると、こんな答えが返ってきました。

「黙ってたら休まないから、身体が休めって言ってるんだね。まぁ、休めと言っても性格的に休めないと思うから、できるだけゴロゴロしながら仕事するようにしたら?」と。

なるほど、これは身体からの黄色信号だったんだ。

そのとき、はじめて気づくことができたんですね。

それ以来、心身にしんどい兆候が出たら「休めのサインだな」と思って休息を取るようになりました。

みなさんも、もし「休めのサイン」が出たら、**「倒れる前に気づけた！　よかった！」**と、思いきってお休みしましょう。

真面目な人ほどいろんなことを抱え込みがちですが、実はやるやらないの選択肢のほかに「保留」という選択肢もあります。

すべてを今すぐやるか、一生やらないか、じゃなくても大丈夫なんですよ。

保留を選んで温めておくのも手。

焦る必要はありません。

先延ばしはしていいのです。

私もあえて保留にしていることはたくさんあります。

「今は決断をしない」という決断をしているのです。

それでも休めない人や、休むことに躊躇してしまう人は、先に述べた先輩のアドバイスのように、できるだけ休憩しながら取り組むとか、息抜きを増やしながら取り組むといいと思います。

私も、休みたいときは、よくトイレに行ったり、頻繁に飲みものを取りに立ちますし、頭がはたらかなければ仮眠もします。

窓を開けて外の風を取り込みながら作業したり、好きなカフェで気分を変えることもあります。

なかなか気分転換ができない環境の方は、「お腹の調子が悪い」といった様子を出して、頻繁にトイレに行ったっていいんです。

そうそう、追加のタスクをできるだけ増やさないよう、メールがきても「週明け以降に確認します」といって連絡を強制シャットアウトするのも定番ですね。

「そんなのダメ、ちゃんとしなきゃ！」と思いますか？

最も「ちゃんと」ケアしなければならないのは、自分の心身です。

51

秀でたものがないから何者にもなれない

ラッキー！「自己効力感」が使えます。

突然ですが、あなたは、元テニスプレイヤーで、錦織圭選手を育てたとして有名な松岡修造さんにどんな印象を持っていますか？

ポジティブでいつも自信がある、強いメンタルで自信がみなぎっている、そんな印象の方も多いと思います。

実は松岡修造さんは、とある番組で「どちらかというと僕、性格的に前向きじゃないんですよ。〝ド〟がつく後ろ向きなんです」とお話ししています。

そんな松岡さん、「できる！」と書いたTシャツを身につけていました。

「できる！」と自己暗示することで、意識的に自分に自信をつけていたのですね。

「根拠はないけど『私はできる！』と思い込むこと」は本当に成功率を上げると言います。

心理学者のアルバート・バンデューラによると、人間は「自分にだったらできるはず」

と思うことで実際に行動できるようになり、成功しやすくなることを提唱しています。
これを「自己効力感」と言います。

私はいつも、あえて声に出して「できるできる」と言うようにしています。
緊張していても「興奮してきた」、本当は不安でも「余裕余裕♪」と口にします。
実際にそう思えなくても、こういった言葉からスタートしてみましょう。
まずは「自分を信じるフリ」でいいので、可能性を広げることが大切です。
むしろ自信がある人は、わざわざこんなことをしないかもしれませんね。
だとしたら、自信がないあなたはラッキー！
自己効力感のパワーを発揮するための工夫ができますね！
「できる！」の想いが、本当にできる自分になる第一歩です♪

52

恵まれていない人生に幅があるほうが幸福度は右肩上がり♡

「女子大は就職もいいし、モテる」という噂を聞きつけた高校生の頃の私は、「絶対にいいところに就職するし、絶対に玉の輿に乗ってやる！」という、とんでもない動機で私立のお嬢様大学に進学することを決めました（笑）。

しかしながら、私はお嬢様ではありません。

親にも反対されましたが、奨学金を2種類満額借りて進学。

文系の学部なのに、理系と同じくらい高額な学費を自分で払っていくことになりました。

私大にもかかわらず、奨学金を借りている学生は全体の3割にも満たないお嬢様大学。

同級生に聞くと、高校の卒業記念品はミキモトのパールネックレスだったとか……。私は高校名が刻まれた目覚まし時計だったというのに……。

周りを見ても、奨学金を借りている友達はあまりいなかったので、仲良しの子が何気なく「奨学金を借りるなんて、うちらには関係のない世界だよね」と話していて、落ち込むこともありました。

自分で選んだ道なので自業自得なのですが、当時は「なんで私だけこんなに働かないと何も手に入らないんだろう」と思っていました。

やっぱり羨ましかったんです。

しかし最近、ほしかったお財布を自分の力で手に入れることができたときに、とてつもなく嬉しい気持ちになって、そのとき思いました。

「こんな喜びを味わえるなら、私はもともと手に入らなくてラッキーだったな」と。

28歳になった今、10年越しに自分の力であの頃の私の気持ちを救ってあげることができました。

みじめな思いをしてきたからこそ、今、小さなことでも嬉しいんです。

自由にカフェに行けるようになったこと、ほしいコスメが買えること。

こんなに喜びを感じられるのは、もともと持っていないからです。

「なんで私は持っていないんだ」「なんで私はこれが買えないんだ」という悔しい思いは、ほしいものを自分で手に入れたとき、当たり前に持っている人や、当たり前に買える人よりも喜びが倍増します。

「もともと持っていない」ということは、その後の叶えられたときの喜びのためにあるのだと思いました。

自分の力で手に入れたものは大切にできますし、ね。

人生の幅があるほうが幸福度は右肩上がりになるのです。

「恵まれていない」と感じるコンプレックスをバネにすることで、きっと「恵まれている人」には味わえない幸せを手に入れることができるでしょう。

やりたいことが見つからない

できることの選択肢が無限にある！

やりたいことは、何かをやっている途中に見つかることが多いものです。

よくインフルエンサーになろうと思ったきっかけや、ＳＮＳを仕事にしようとしたきっかけを聞かれますが、

「なんとなく興味があったから」

「とりあえず新しいことに挑戦したいから」

「なんかすごそうだから」

とかそんな理由でした。

最初は１人でなんとなく美容チャンネルを始め、合わないと思ってすぐにやめました。

次はカップルチャンネルを始めましたが、次第にエンタメコンテンツよりも、メッセージ性のある発信をして、見てくださる方を元気にしたいと思うようになりました。

そうして数年かけて、現在の「まゆ姉」のアカウントに辿り着くことができました。

興味のあることに挑戦していくうちに、こんなふうに自分のやりたい「自信を持って生きられる女性を増やす活動」が確立されていったにすぎないのです。

よく「信念を持って何かをやらなければいけない」と言われていますが、最初からゆるぎない信念を持って動ける人なんてほとんどいないと思います。

実際には、本当にやりたいことは、「これは苦手」「これはやらない」と選択肢を消していった先にあらわれるものだと思います。

つまり、やりたいことが見つからない状態とは、実は、やれることの選択肢が無限にありすぎて選べない状態なんですよね。

では、どうすればやりたいことが見つかるのか？

私がやったことは、「自己理解」と「行動」です。

自己理解――自分の得意なこと、苦手なこと、好きなこと、嫌いなことを分析し、価値観や適性を洗い出すこと。

行動――自己理解に沿った行動をしてみること。

こうして選択肢を絞っていきました。

コツは、「最初は『どうせできないだろう』と思ってやってみること」です。

なぜ、はじめてのことも、最初からできると思ってしまうのでしょうか?

なぜ「デキるあの人」の積み重ねてきた努力や時間をすっ飛ばして、自分とその人を比べるのでしょうか?

「できなくて当たり前」と心得て挑戦してみてください。

いきなり自転車を漕げないのと同じです。

いきなりストライクを取れないのと一緒です。

投げる球は軽く、多く!

とにかく数投げて、的に当たった球を磨いてみればいいんです。

仕事を好きになれない

人一倍プライベートを楽しめる。

今は好きなことを仕事にする時代、正解のない時代と言われています。

もちろん好きなことを仕事にできれば楽しく働けますが、仕事を楽しめないことだって別に悪いことじゃありません。

仕事を楽しめないぶん、「人一倍プライベートを活力にできる！　メリハリがつけられる！」というよさがあります。

「仕事が好き」ということはとっても素敵ですが、仕事が好きな人は「仕事が遊び」状態になり、時にプライベートの境目が曖昧になるということもあります。

好きな仕事をしているフリーランスや起業家には「気づいたらいつも仕事ばかりしている」なんて人も多いのはそのためです。

それはそれで楽しければいいのですが、「仕事は仕事」「プライベートはプライベート」

とメリハリをつけて楽しめるのもまたいいですよね。

「これを乗り越えたらアニメが見れる！　遊びに行ける！」など、週末には思いきり楽しみになる予定を入れて充実させましょう♡

「仕事を楽しめないと思うなんてダメなのかな」と自分を責める必要はありません。

さらに、「転職したい」という方は、その「仕事がいや」の気持ちをエネルギーに変えることもできます！

「今の仕事をやめられるように、お金をためるぞ！」

「今のうちから異業種の説明会に行ったり、本を読んで『やりたいこと探し』をしておくぞ！」

というように。

働きながら、小さくちょこちょこ行動してみましょう♪

これで仕事が好きになれない気持ちもパワーに変わりましたね。

失敗した

失敗は難しいことに挑戦した証。

失敗をしたとき、次のように捉えていませんか？

「なんで私はこんなこともできないんだろう……」

「どうしてこんなことしてしまったんだろう……」

「私はダメだ。迷惑ばかりかけている……」

しかし、失敗の手前の「挑戦した」という事実に目を向けてみてほしいんですね。

慣れたことばかりやっていれば失敗は少ないはずです。

歩みを進めたからこそ壁にぶち当たったということです。

私もこれまでたくさんの失敗をしてきました。

ネイルサロンを開業して失敗した。

貯金がなくなり、生活ができなくなった。

誤解を生むような動画をアップして叩かれた。

ビジネスメールに慣れていなくて、誤送信してしまった。

失敗したときは、「恥ずかしい！　どうしよう！」などと思うこともありますが、すべての失敗は、それだけ「自分にとって難しいことに挑戦した」という証です。

「他人にとって簡単なことかどうか」を気にする必要はありません。

「私にとって難しいことに挑戦できたんだ」と捉えることが大事です。

失敗して、他人に迷惑をかけてしまっても、自己否定は必要ありません。

生きるということは、みんな何かしらの迷惑をかけているものです。

迷惑をかけ合い、支え合っているのが人間。

誠意を持って謝れば、それでいいのです。

そして失敗には、必ず成長という景品がついてきます。

失敗は成功の反対ではなく、唯一の成長の機会なのです。

振り返ると、私が「成長したな」と思う瞬間にはいつでも失敗がつきものでした。

むしろ失敗せずにイージーモードで進んできたらと思うと恐ろしいですよ。

きっと今頃、調子に乗って、炎上して消えていましたよ（笑）。

「失敗してきて本当によかった！」と今では心から思います。


何かに挑戦するとき、必ず試練はついてきます。

あらかじめ「挑戦に試練はつきもの」と考えておくことで、ミスしても焦らずに対処法を考えられるようになります。

どんなにすごい人も、平等に試練を乗り越えながら少しずつ成長してきただけです。

あなたもぜひ、「失敗＝成長の機会」を与えられたと思って楽しんでみてくださいね。

失敗するほど難しいことに挑戦した自分を褒めながら、前に進んでいきましょう。

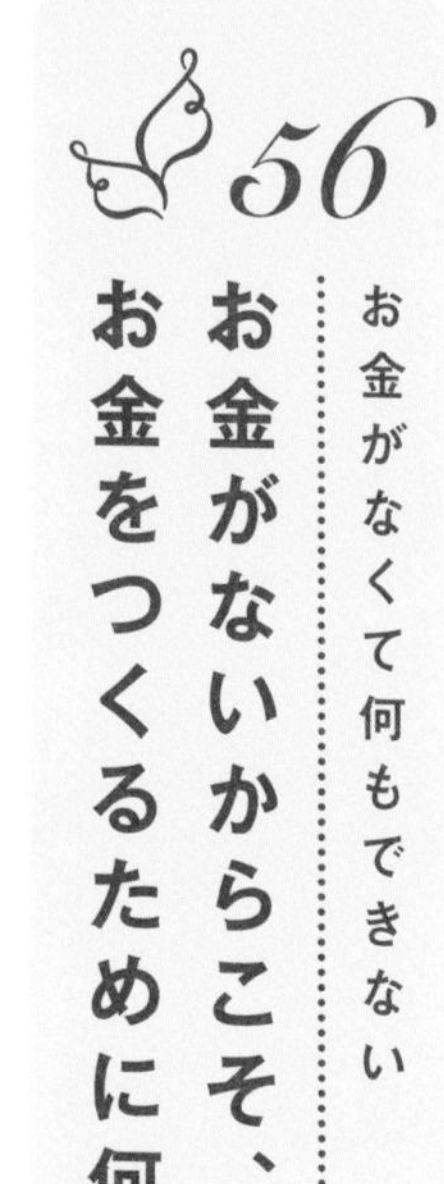

56

お金がなくて何もできない

お金がないからこそ、お金をつくるために何かができる。

「お金がないからできない……」という言葉を目にすることが多いですが、お金がないからこそ何かを始めるものではないでしょうか？

お金があったら何もしないかもしれないけれど、「お金がないからこそやるんだ！」ということはたくさんあります。

私も金銭的余裕がなかったから山奥の家で修行することができましたが、もしも少しでもお金に余裕があったら絶対にしなかったと思います（笑）。

そうして山奥の家で「まゆ姉」というアカウントも誕生しました。

「お金がないから動く、動くから世界が広がる」

お金がないということは、新しい挑戦ができるということなんですよ。

原動力になるんです。

ただ、注意しなければならないのが、お金が目的になるのは危険だということです。

お金はゴールではなく、幸せに生きていくための手段だということを忘れてはいけません。

無論、最初は「稼ぐぞ」と思っていてもいいと思うのですが、自分の稼ぎだけのためにやっていると、実はお金は集まってきません。

利益のためだけに動いてるということは絶対にバレるので、人も離れていくし、結果も長続きしないと思うんですね。

人のためになることで利益にもなっている、そしてその稼いだお金でまた何か生み出せる人が、お金に愛される人だと考えます。

「世のため人のためになるからこそ、結果豊かさをも生む」という順番を忘れないようにしたいものです。

もしあなたが豊かさを手に入れたいのなら、「何が人のためになるか」を考えてみるといいと思います。

しかしながら、状況によっては、「お金がほしくても家族に働くことを反対される」という方もいるかもしれません。

そういうときは「私の人生なんだから口を出さないで」と堂々と言えばいいのです。

そうしてできることからトライしてみてください。

今はネットですぐに働き先を探せます。

また、副業の選択肢や、フリーランスの幅も広がりました。

今すぐ着手できることもたくさんあります。


お金は大切。

心の余裕にもなり、選択肢も広げます。

自分や大切な人を幸せにできる手段として、大事に考えていきましょう。


思い立った今が、一番若いです。

さあ、1アクション、起こしてみましょう♪

前に進めない

立ち止まって感謝できる。

人間、思うように前に進めないときが必ずやってきます。

私自身、SNSを運用してきた約3年間で、

「もう私はダメなんじゃないか」

「このコンテンツ、旬が終わったんじゃないか」

「いい考えが出てこない……」

などとウジウジ考えて立ち止まったことが数えきれないほどありました。

何度、「もう私の脳みそは機能しなくなってしまったんだ……」と思ったことか！

そんなとき私は、あえて立ち止まって「感謝の時間」にするようにしました。

全速力で走っているときって、周りが見えなくなっていることも多いです。

前だけ見ていると、近くにいる大事な人をついつい見落としてしまうんですよね。

だけど、走れないときこそ大チャンスです。

「改めて感謝するタイミングがやってきたんだな」

と捉えて、ゆっくりゆっくり自分の周囲を見てみるんです。

全力で走っていた足が止まってしまうと焦燥感に駆られてしまいますが、落ち着いて、今、そばにいてくれる人・環境に感謝する時間にしてみましょう。

すると、

「自分を支えてくれている存在がこんなにもいたんだ。ありがたいな。1人で走っているわけじゃないんだな」

と改めて気づくことができます。

定期的に私たちの足が止まることにも、意味があるんです。

58

何かを諦めてしまった

捨てることができた！

数年前、今とは別のYouTubeチャンネルを運用していた頃のこと。

当時はYouTube用の長い動画を投稿していました。

動画の編集にこだわっていたので、ひとつの動画の編集にかける時間は丸2～3日。

それで毎日投稿していたのですが、一体どういうスケジュールだったのか、もはや思い出せません（笑）。

併せて、TikTokやInstagramも毎日投稿していたので、睡眠時間は3時間が当たり前。

当然きつかったのですが、

「このYouTubeチャンネルで成功するために家賃5千円の家に引っ越したのだから！」

「毎日投稿するって宣言したんだから絶対やめない！」

と自分を追い込んでいました。

しかし、投稿に追われて、肝心の企画を考える時間もなく、結果は右肩下がり。

「諦めない」ということに固執しすぎて、一番大事なファンの方の声を聞く時間も減り、ファンの方も離れていくばかり。


このままでは現状維持か退化しかしないことに気がつきました。

考える時間や余白がなければ、新しい挑戦もできません。

すなわち、これ以上前に進んでいくことができないのです。


「このがんじがらめの状態から抜け出さなければ、自分の人生をアップデートできない！」

私は、このとき「捨てる勇気」が必要だと思いました。


そうして、家賃5千円の生活をしてまで手に入れたかった、人生をかけて泣きながら1点集中でやってきた、17万人のYouTubeチャンネルの投稿をやめました。

今まで信じてやってきたものを一旦あえて疑うことは本当に苦しいことでした。

それでも変化して成長していくためには、時には何かを捨てなければならない。

きちんとひとつひとつを考える時間と、将来への種まきをする時間がほしかった。

そのためには何かを捨てないと時間が手に入らないと思いました。

「あのとき捨てられたから今がある」

当時の勇気ある決断に今では感謝しています。

それからは常に、現状や常識を疑って変化していくことを大切にしています。

人間、「今まで自分がやってきたものがゼロになってしまう！」と思うと、なかなか捨てられません。

だけどやはりキャパは決まっていて、何かを捨てないと新しい何かを取り入れることは難しいんですよね。

成長していく人には、捨てる勇気があるのです。

59

周りに夢を反対される

反対されてこそ夢！

夢というものは大体周りに批判されるものです。

私の経験上、批判されなかった夢などありません。

高校3年の夏、「名門女子大に行く」と突然宣言した私に、教師は「やめておいたほうがいい」「もっとほかのレベルが合っている」と言いました。

結局、私は合格して卒業もできました。

大学時代、「大手出版社でインターンをする」と言ったとき、周りの大人は「そんなに甘くない」と言いましたが、私は自分で出版社に連絡して、短期間でしたが仕事を経験させてもらうことができました。

キャバクラで働き、「やるからにはナンバーワンになる」と誓ったときも、お客様から「ブスが売れるわけがない」と言われました。

けれど、私は何度かナンバーワンになることができました。

さらに、YouTubeを始めたばかりの頃は、多くの人に笑われました。

「売れない」

「将来どうするの？　定職につけば？」

「人生オワコンだな」

しかし、SNSだけで生活できるようになり、「自分の好きなことで人のためにもなる理想の人生」を歩むことができています。

そこからステップアップして会社を設立すると言ったときも、「社会経験がないから、絶対失敗するよ」と耳が痛くなるほど言われました。

このように、夢というものは周りに何かしら言われるものなんですよね。

あなたがおかしなことを言っているからとか、無謀な夢だからという理由で助言してくれているのではなく、どんな夢でも言われるんです。

だけど考えてみてください。

失敗したからってどうなのでしょうか？

そしてその周りの人たちは、別の素晴らしい夢へ導いてくれるのでしょうか？

あなたが夢を諦めなければ見られたかもしれない最高の景色を見られなくなった責任を取ってくれるのでしょうか……？


「夢を諦めれば？」と言う友達や家族が何かしてくれるわけではありません。

大抵、なんとなく心配だから言っているか、何も考えずに言っているだけで、その先のことまでは深く考えていないと思います。

友達でも家族でもない他人ともなれば、その人は「夢を諦めれば？」なんて言ったことも忘れているでしょう。


だからやっぱり、この人生の決定権は自分自身にしかないのだと思うのです。

決めるのも私、失敗するのも私、傷つくのも私、責任を取るのも私。

どうせ自分で責任を取るのだから、好きにやったっていいに決まってる！

人生をやり直したい

人生は、リセットOK♡ また1から楽しめるって最高じゃない？

人生をやり直したいのなら、今すぐやり直しましょう。

人生はリセットＯＫです。

数年前、私はキャバクラをやめて、ネイルサロンを経営し、失敗しました。

生活ができなくなり、一番安い家を求めて山奥の一軒家に引っ越しました。

六本木のキャバ嬢として、毎日高級シャンパンを飲み、貯めたお金でネイルサロンを経営していた人間が、山奥の家賃５千円の家に転生……。

まさに人生リセットです。

かの「人生ゲーム」だって、選んだ職業やそのときの運で最下位になるときもあれば１位になるときもあります。

選択した環境と同じくサイコロを振って出た目によってルートが変わるだけですから、現実の人生もまた1からサイコロを振り直せばいいだけだと思うのです。

前回の順位や前回の職業は関係ありません。

だって新しいゲームなんですから。

環境や人間関係をリセットして違う道を進んで、またダメだったら次も環境や職業をリセットして違う人生にして、何度だってやり直せばいい。

ただの人生ゲームなんですから、リセットは自由です。

「そんなの、人としてダメ」、そう思いますか?

あなたが人生を楽しめないことのほうが、私にはよっぽど問題があるように思います。

ここで出会えたあなたには、明日命が尽きても、後悔しない人生を歩んでほしいと願っています。

どんなことがあっても、いつでもリスタート可能。

そう考えると、どんな状況も、「ポジティブ変換」できると思いませんか?

スペシャル

ポジティブ変換一覧
～３つの魔法で、どんなこともプラスに変える～

もう悩まなくて大丈夫！

まゆ姉流の変換術でマイナスをプラスにしていきましょう。

次のページからは、「性格の特徴をポジティブ変換」「何気ないネガティブ言葉をポジティブ変換」「相手にかける言葉をポジティブ変換」をご紹介します。

Part 1

性格の特徴をポジティブ変換
～どんな性格もあなたのよさ～

ここまで、いかがでしたか？

もう気づいているかもしれませんが、あなたが短所だと思っているところだって、実は長所です。

たとえば私は協調性がなく、指示に従うのは苦手。

会社員はまず務まらないと思います。

しかしながら、0から1を自分で考えて動く主体性はあります。

わがままと言えばわがままだけど、意思があるとも考えられます。

一方、私の彼は、自分のことを「突き抜けた才能がない」と嘆いていました。

それも言い換えれば「万能型のオールラウンダー」。

私からすれば羨ましい才能なのです。

では、ここで、まゆ姉流「性格の特徴をポジティブ変換」を公開します！

1	トロい	→	丁寧・こだわりがある
2	平凡で特徴がない	→	万能型・オールラウンダー
3	わがまま	→	意思がしっかりある
4	頑固で融通がきかない	→	こだわり屋さん
5	神経質	→	几帳面
6	飽き性で続かない	→	行動力がある
7	なんでも顔に出る	→	素直・表情豊か
8	傷つきやすい	→	感受性豊か
9	せっかち	→	テキパキしていて決断が早い
10	マイペース	→	落ち着いている・自分軸で生きている
11	人見知り	→	気遣い力が高い

12	臆病で勇気がない	→	リスク回避能力が高い
13	緊張しがち	→	目の前のことに 真剣に向き合える
14	面倒くさがり	→	合理的・効率的
15	優柔不断で 決められない	→	思慮深い
16	協調性がない	→	主体性がある
17	プライドが高い	→	向上心がある
18	不器用	→	実直
19	すぐに落ち込む	→	目の前のことに全力
20	断れない	→	責任感がある
21	視野が狭い	→	短期集中できる
22	負けず嫌い	→	結果にコミットできる

23	ネガティブ思考	→	考えが深い
24	自信がない	→	謙虚・メタ認知能力が高い
25	内向的	→	自分の内側にエネルギーがある
26	依存心が強い	→	ひとつの物事に没頭できる
27	他人に流されやすい	→	柔軟性がある・適応力が高い
28	言いたいことが言えない	→	品性がある・慎ましい
29	非現実的	→	創造的・クリエイティブ
30	行動力がない	→	本書を手に取った時点で行動している！

ほかの誰かを目指さなくてよいのです！

Part 2

何気ないネガティブ言葉をポジティブ変換
～言葉を変えれば毎日が変わる～

人間には、見たり聞いたりしたことを無意識に行動に移すという「プライミング効果」という特性があるので、日常の小さな言葉をポジティブに変えることが大切です。

まずは言葉から変えるだけで、次第に、本当にポジティブに捉えられるようになります。

さぁ、次のように着眼点を変えてみましょう！

❶ 「疲れた」「しんどい」→**よく頑張った！**
☆しんどくなるほど頑張った、自分を褒めるタイミングです。

❷ 「面倒くさい」→**やりがいありそう！**
☆物事に取り組む気持ちが変わります。

❸ 「あの人、ムカつく」→**そういう人ね！**
☆悪口を言っている時間がもったいない！「そういう人」で片づけましょう。

❹ 「これしかできなかった」→**これはできたぞ！**

☆できなかったことよりできたことを数えましょう。

❺ 「うまくいかなかった」→**伸び代あるな！**

☆上手にできないということはそれだけ伸び代があるということです。

❻ 「私なんか……」→**私だって！**

☆他人と比べてしまっても大丈夫。大事なのはそこから悲観的になるか、野心に変えるかです。

❼ 「これ、変かなぁ」→**これ、いいでしょ！**

☆小さなことでも自分の選択を否定しない癖をつけましょう。「自分がいいって思ったんだからいい！」と思い込むことで、他人の目を気にしなくなっていきます。

❽ 「今日何もできなかった」→**よく休めたから明日から頑張れそう**

☆自分を否定せず１日を終えることでうまく切り替えられます。

❾ 「物が壊れちゃった。最悪」→**身代わりになって守ってくれたんだね。ありがとう**

☆物が壊れたのは残念ですが、身代わりになって守ってくれたことに感謝しましょう。

❿ 「え〜……。残念……」→**運命じゃなかったってことね！**

☆思うようにいかなかったとき、ほしいものが手に入らなかったとき、引きずらなくなる言葉です。

⑪ 「失敗した……」→**ま、こういうときもあるでしょ！**

☆どんな状況も受け入れてみましょう。

⑫ 「緊張してきた……」→**興奮してきた！**

☆怖いことから楽しみなことに早変わり。

⑬ 「そんなことないよ」（謙遜）→**そうでしょそうでしょ！**

☆謙遜するよりハッピー！

⑭ 「忙しい」→**やりたいことがたくさん♡**

☆「忙しい」「時間がない」「やらなきゃ」などと口にすると、本当に物事がマイナスに。「やりたいことだらけ！」と言い換えてみて。

⑮ 「もう無理」→**いったん、休憩！**

☆リフレッシュ宣言するだけで心が軽くなります！

★それでもネガティブワードがやめられない人へ。

どんな言葉も変換できちゃう魔法のポジティブ変換術を紹介します。

それは、「ネガティブ言葉＋でも〜だよね！」で明るく言い換えること。

一見ネガティブな状況にも、ポジティブな側面は必ずあります！

大事なのは、プラスアルファの付け足しです。

たとえば、こんなふうに。

「私ってなんでこんなにダメなんだろう……。（プラス一言）**でも、それも個性だよね！！！**」

「なんでこんなことになったんだろう……。（プラス一言）**でも、こんな経験なかなかできない！**」

一見ネガティブな状況にも、その状況でしかできないことは必ずあります。

「せっかくのデートなのに雨だ……。（プラス一言）**でも、空いてそうだからラッキー！**」

私自身の経験談を例に出すと、こんな感じです。

「貯金が尽きて、家賃５千円の家に住まなきゃいけなくなった。

（プラス一言）**でもこんな状況、二度とないよね！　楽しもう！**」

ぜひ、この「（プラス一言）」を実践してくださいね。

Part 3

相手にかける言葉をポジティブ変換
～これであなたも誰とでもハッピーな関係！～

ここまで、落ち込んだ自分を前向きにする方法をたくさん紹介してきました。

ここからは、「コミュニケーションで使えるポジティブ変換言葉」を紹介します。

マスターするとメリットはたくさん！

たとえば、

・人間関係がうまくいくようになる

・周りにポジティブな人という印象を与えられる

・自分も周りもハッピーな空気に包まれる

・「なぜか好かれる人」になれる

などなど。

さあ、今日から「ポジ変言葉」を使っていきましょう！

❶「疲れてる？　怒ってる？」→**元気？**

☆心配する気持ちも明るく伝えてみましょう。

❷「忙しい？」→**頑張っているみたいだね！**

☆彼や友達が忙しそうで寂しいときは、相手が頑張っていることにフォーカスしてあげましょう。

❸「迷惑かけてごめんね」→**助かったよ〜！**

☆みーんな迷惑かけて生きています。きちんと感謝できるかどうかが大事です。

❹「まぁ、いいんじゃない？」→**最高だね！**

☆相手が想像する答えよりワンランク上の回答をすると印象アップです。

❺「なんで○○してくれないの？」→**○○してくれたら嬉しいな！**

☆押しつけではなく、気持ちを伝えてみると、よい関係が築けます。

❻「それ嫌い」→**こっちも好きだな**

☆「嫌い」より「好き」を使うとそれだけで好印象です。

❼「やめたほうがいいよ」→**そういう考えもあるよね。私はこういう選択肢もいいと思うな**

☆頭ごなしに否定すると意欲が削がれるもの。お互いを尊重したコミュニケーションを。

❽「ダメだったね」→**頑張ったね**

☆結果より過程を見てもらえると嬉しいですよね。

❾ 「それ変だよ」→**こうしてみても素敵かも！**

☆相手のいいところを褒めるコミュニケーションが◎。

❿ 「（仕事や恋愛は）うまくいってる？」→**最近調子どう？**

☆プライベートなことに失礼に踏み込みすぎないようにやんわり聞きましょう。

⓫ 「それは無理」→**考えてくれてありがとう**

☆相手の提案を断りたいとき、反対意見を言いたいとき、まずは感謝。

⓬ 「普通はこうだよ」→**あなたはそうなんだね**

☆個性を尊重しあえるとGOOD。

⓭ 「〇〇しておいて！」→**〇〇、お願いできるかな？**

☆命令ではなく、「頼る」。

⓮ 「たいしたことないじゃん」「あなたはまだいいほうだよ」→**大変だったね**

☆相手の気持ちを勝手に測らないこと。

⓯ 「〇〇してあげたのに！」→**ちょっと寂しかったな♡**

☆怒る前に素直になってみましょう。

いかがでしょうか。

あなたが大切な人と、よい関係になれることを願っています！

おわりに

人生の可能性は、もっと広がる！

捉え方次第で、見える世界は、何倍も広く、明るく変わります。

これから先、ネガティブな感情が浮かんでも、まったく問題はありません。

ポジティブに変換していく力さえあれば、いつだって、誰だって、必ず前に進んでいけます。どうか、もう落ち込む自分を責めないでください。

私も数年かけて、少しずつ考えが変わりました。

長年の考えが突然変わることはありません。

一歩ずつ、確実にポジティブ変換に慣れていけば必ずや、「あれっ、そういえば私、最近ポジティブに考えることが多いかも！」と思えるときがきます。

後天的ポジティブの私が言うのだから間違いないですよ！

大切なのは卑屈にならないこと、自分自身を諦めないことです。

「私には無理」ではなく「私だって身につけてやる！」と思っていただけたら幸いです。

本書は、「こうすべき」「これが良くてこれが悪い」といった押しつけではなく、「こういう捉え方もあるんだよ」「こう考えてみたら、もっと幸せかも！」とお伝えしたく、執筆しました。

本書を通じて、みなさまの人生の可能性が広がることを心から願っています。

今回の執筆にあたり、たくさんの方にお世話になりました。

「まゆ姉らしさ」を大事にしてくださった担当の葛原さま、イラストでポジティブを表現してくださったソウノナホさま、素敵なデザインに仕上げてくださったライラックさま、ありがとうございました。

そして何よりも読者のみなさまに心より感謝を申し上げ、終わりの言葉とさせていただきます。

まゆ姉

Memo

お気に入りのポジティブ変換を書き込んでね！

参考文献

『一生役立つきちんとわかる栄養学』飯田 薫子・寺本 あい監修（西東社）
『身体を壊す健康法』柳澤綾子著（Gakken）
『知識ゼロでも楽しく読める！ 人間関係の心理学』齊藤勇 監修（西東社）
『ＨＳＰの心理学』飯村周平著（金子書房）
『きれいな人の老けない食べ方』森拓郎著（ＳＢクリエイティブ）
『敏感すぎる自分の処方箋』保坂隆著（ナツメ社）
『ハーバードの心理学講義』ブライアン・Ｒ・リトル著 小島修訳（大和書房）
『シリコンバレー式超ライフハック』デイヴ・アスプリー著 栗原百代訳（ダイヤモンド社）
『老化は治療できる！』中西真著（宝島社）
『最高の体調』鈴木祐著（クロスメディアパブリッシング）

弱みが強みに変わる！
3秒ポジティブ変換ブック

2024年1月31日　初版発行

著　者……まゆ姉
発行者……塚田太郎
発行所……株式会社大和出版
東京都文京区音羽1-26-11　〒112-0013
電話　営業部03-5978-8121／編集部03-5978-8131
http://www.daiwashuppan.com
印刷所／製本所……日経印刷株式会社
装幀者……菊池祐
装幀者……ソウノナホ

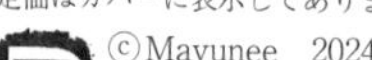

ISBN978-4-8047-0623-8